AI와 오픈소스,
자율과 책임의 경제학

AI문고

인공지능 시대입니다. 기계가 인간의 인지를 대신하고, 사물이 인간을 통하지 않고 다른 사물과 직접 커뮤니케이션합니다. 이에 따른 인간 삶과 문명 변화를 정확히 이해·예측·대응하는 것은 이 시대 우리 모두의 과제입니다. AI문고는 인공지능 기술과 환경의 여러 주제를 10가지 키워드로 정리합니다. 관련 개념과 이론, 학계와 산업계의 쟁점, 우리 일상의 변화를 다룹니다. 인간과 기술의 현재, 미래를 세심히 분석합니다.

일러두기

- 인명, 작품명, 저서명, 개념어 등은 한글과 함께 괄호 안에 해당 국가의 원어를 병기했습니다.
- 외래어 표기는 현행 어문규정의 외래어표기법을 따랐습니다. 다만 '딥러닝', '딥페이크' 등은 관행을 따랐습니다.

처음이세요?

전문가세요?

AI와 오픈소스, 자율과 책임의 경제학

김윤명

대한민국, 서울, 커뮤니케이션북스, 2025

AI와 오픈소스, 자율과 책임의 경제학

지은이 김윤명
펴낸이 박영률

초판 1쇄 펴낸날 2025년 10월 17일

커뮤니케이션북스(주)
출판 등록 2007년 8월 17일 제313-2007-000166호
02880 서울시 성북구 성북로 5-11
전화(02) 7474 001, 팩스(02) 736 5047
commbooks@commbooks.com
www.commbooks.com

ISBN 979-11-430-1061-2 03500

책값은 뒤표지에 표시되어 있습니다.

차례

자율과 통제의 AI와 오픈소스

논의의 필요와 접근 방식

AI는 더 이상 소수 전문가의 영역이 아니다. 일상의 언어를 바꾸고, 지식 생산의 방식을 재정의하며, 사회의 결정을 자동화하는 이 기술은 이제 모든 시민의 삶에 깊이 스며들고 있다. 이 거대한 변화의 바탕에는 놀랍도록 조용하고도 강력한 메커니즘, 바로 오픈소스가 존재한다. AI의 발전은 대부분 개방된 코드와 공개된 모델을 기반으로 이루어졌으며, 기술을 누구나 접근 가능하게 만든 오픈소스 문화는 AI 혁신의 엔진이자 민주적 기술 거버넌스의 출발점이 되어 왔다. 그러나 이 자유의 기반이 법적 규범이나 사회적 책임과 충돌할 때, 우리는 어떤 기준과 원칙으로 조율해야 하는가?

이 책은 AI 기술의 전체 생애주기를 따라 오픈소스가 어떻게 작동하며, 어떤 법적·윤리적 문제를 야기하고 있는지를 구조적으로 분석한다. 특히 오픈소스를 통한 기술 민주화의 가능성과 그에 수반되는 위험 요소를 균형 있게 다루며, 각 장에서는 기술적 맥락과 함께 법학자이자 변호사의 시각에서 일반 독자도 쉽게 접근할 수 있도록 해설한다. 실무적으로는 라이선스, 책임 귀속, 특허 충돌, 사이버보안 문제 등을 다루며, 동시에 국제법과 거버넌스의 구조적 한계를 탐색한다.

AI와 오픈소스: 자유와 통제 사이의 기술사회

우리는 지금 AI가 기술을 넘어 사회 질서의 일부로 작동하는 시대에 살고 있다. 자동 번역기, 음성비서, 추천 알고리즘은 이제 선택이 아니라 전제가 되었고, AI는 인간의 판단을 모사하거나 대체하는 것을 넘어 우리의 삶의 조건을 설계하는 존재로 자리 잡았다. 이처럼 거대한 기술의 흐름 속에서 그 발전을 가능케 한 가장 결정적인 요인 중 하나는 오픈소스였다.

오픈소스는 단순히 소프트웨어의 소스코드를 공개하는 기술적 방식이 아니다. 그것은 지식 공유, 협력 개발, 비독점적 참여라는 철학과 실천이 결합된 사회적 실험이었다. 리처드 스톨먼(Richard Stallman)의 자유소프트웨어 운동에서 시작된 이 흐름은, 이후 리눅스와 아파치 서버를 거쳐, 오늘날 AI 프레임워크(PyTorch, TensorFlow)와 대규모 언어 모델(OpenLLaMA, BLOOM)에까지 뿌리내렸다. 기업이 주도했든, 커뮤니티가 이끌었든, AI는 기본적으로 개방된 코드와 공유된 지식의 누적 위에서 자라 왔다.

그러나 기술의 개방은 항상 자유만을 보장하지는 않는다. 오픈소스로 만들어진 AI 모델이 혐오 표현, 허위 정보, 감시 기술에 활용되는 일은 드물지 않으며, 악의적 사용을 사전에 차단할 책임 주체가 모호하다는 점에서 큰 법적·윤리적 공백이 존재한다. 특히 비영리 개발자와 기여자 그리고 AI 모델을 수정해 상업화한 기업 사이의 권리와 책임 경계는 갈수록 불투명해지고 있다.

이와 같은 문제는 단지 개발자 커뮤니티의 자율적 기준만으로 해결될 수 없다. 오픈소스는 기술 민주주의의 기초 인프라이자 공공재적 성격을 띠는 만큼, 이에 상응하는 법적 정비와 제도적 뒷받침이 필요하다. 예컨대 오픈소스 라이선스가 AI 모델의 학습 데이터, 출력 결과물, 파라미터에까지 적용 가능한지 여부는 여전히 논란의 대상이며, 출처 공개와 책임 제한 사이의 균형을 어떻게 설계할 것인지는 AI 법제의 핵심 의제가 되고 있다.

또한 오픈소스와 특허 제도의 충돌은 AI 산업 전체의 혁신 방향을 좌우할 수 있는 중요한 문제다. 코드와 알고리즘은 저작권과 특허 양측에서 보호될 수 있는 애매한 대상이며, 폐쇄적인 특허 전략은 오픈소스 생태계에 심각한 위협이 될 수 있다. 반대로 지나치게 자유로운 코드 공유는 핵심 기술의 탈취나 무단 상업화로 이어져 혁신 유인의 약화를 초래할 수도 있다. 법과 정책은 이 긴장 구조 사이에서 정교한 균형점을 모색해야 한다.

공공부문 역시 예외가 아니다. 정부가 개발한 AI 시스템을 오픈소스로 제공할 때, 국가의 기술 주권, 보안 위험, 지속 가능성 문제는 새롭게 제기된다. 이때 단순히 기술을 공유하는 것을 넘어 공공성과 책무성을 유지할 수 있는 법적 거버넌스 체계가 마련되어야 한다. 시민의 세금으로 개발된 기술이 다시 시민의 손에 돌아갈 수 있도록 하는 디지털 공공선 설계가 필요한 시점이다.

궁극적으로 AI와 오픈소스의 결합은 기술을 둘러싼 권력 구조, 즉 누가 무엇을 설계하고, 누가 그것을 통제하며, 누구에게 어떤 책임이 귀속되는가라는 질문으로 귀결된다. 이 책은 기술 그 자체보다 기술이 작동하는 사회적 구조와 법적 맥락을 중심에 두고자 한다. 자유는 언제나 통제의 문제를 수반하며, 기술 민주주의는 명확한 제도적 언어를 통해서만 실현될 수 있다.

이 책의 구성 및 키워드 선정 이유

이 책은 총 10장으로 구성된다. 각 장은 AI 기술의 생애

주기 또는 사회적 기능에 따라 오픈소스가 개입하는 주요 국면을 중심으로 정리된다. 오픈소스의 철학과 역사에서 출발해(1장), AI 기술에서의 오픈소스 적용 구조를 기술적 관점에서 서술한다(2장). 법적 분쟁, 라이선스 갈등, 특허 충돌, 책임 귀속, 보안 리스크 등의 쟁점을 실무와 판례 중심으로 정리하고(3장~7장), 공공 영역과 시민 참여 문제 그리고 거버넌스의 국제적 구조를 분석한다(8장~9장). 10장은 글로벌 규범의 재설계 가능성을 모색하며 결론을 대신한다.

1장. AI는 왜 오픈소스를 요하는가

AI 기술의 급속한 발전은 오픈소스 소프트웨어와 인프라 없이는 불가능했다. 주요 AI 프레임워크, 라이브러리, 분산학습 구조는 거의 모두 오픈소스 기반으로 운영되었으며, 이는 기술의 확산성과 혁신 속도를 동시에 높이는 핵심 동력이었다.

이 장은 오픈소스가 단순히 기술적 도구가 아니라 AI 기술 생태계의 기반이자 필수 조건임을 밝히는 데 목적이 있다. AI의 사회적 · 경제적 가능성을 이해하기 위해서는 오픈소스가 어떻게 기술 진화를 구조화했는지를 먼저 이해해야 한다.

2장. 오픈소스와 생성형 AI의 등장

챗지피티(ChatGPT), 스테이블 디퓨전(Stable Diffusion) 등 생성형 AI는 대부분 오픈소스의 유산 위에서 탄생했다. 그러나 이들 기술은 인간의 창작과 유사한 결과물을 만들어 내며, 오픈소스 정신과 창작물의 경계에 새로운 긴장을 야기한다.

이 장에서는 생성형 AI의 기술적 출현과 오픈소스 전통이 어떤 방식으로 만났는지 살펴보며, 그 만남이 단순한 기술 확장을 넘어 창작, 표현, 규제의 영역에 어떤 법적 · 윤리적 질문을 던지고 있는지 분석한다.

3장. 오픈소스 라이선스와 AI 개발의 법적 쟁점

AI 기술은 알고리즘, 모델, 학습 데이터 등 다양한 구성요소로 이루어져 있어 기존 오픈소스 라이선스가 적용되기 어렵다. 특히 GPL, Apache, MIT 라이선스와 같은 기존 규범은 AI의 특수성을 반영하지 못하는 경우가 많다.

이 장은 라이선스 조항의 해석과 AI 개발에의 적용 가능성을 중심으로 법적 불확실성을 짚고, 향후 AI 특화형 오픈소스 라이선스가 필요하다는 문제의식을 제기한다. 이는 법제도적 기반을 재설계하는 데 첫걸음이

된다.

4장. 학습 데이터는 오픈소스가 될 수 있는가

학습 데이터는 AI 성능을 결정짓는 핵심 자산이지만, 그 구성은 웹 크롤링, 사용자 기록, 저작권 자료 등 다양한 법적 함의를 포함한다. 단순히 공개된 데이터가 오픈소스가 되는 것은 아니다.

이 장은 데이터가 오픈소스처럼 자유롭게 공유될 수 있는지에 대한 규범적 탐구를 수행하며, 데이터셋 공유의 조건, 저작권 충돌, 개인정보 문제를 중심으로 오픈소스적 접근의 한계와 가능성을 균형 있게 제시한다.

5장. AI 오픈소스와 저작권법의 미래

AI가 생성한 결과물에 대해 저작권을 보호할지 여부를 둘러싼 논란은 거세지고 있으며, 특히 오픈소스 기반 AI는 수많은 창작물을 기반으로 훈련되어 저작권 침해 가능성을 내포한다.

이 장은 오픈소스 AI의 학습과 결과물이 저작권과 충돌할 때, 현행법이 어떻게 작동하고 어디서 한계를 드러내는지 분석한다. 또한 창작의 정의와 소유 개념이 변화하고 있는 지금, 저작권법의 미래 방향을 제시하고

자 한다.

6장. AI 오픈소스의 공공성과 민주성

오픈소스는 공공성과 접근 가능성을 핵심 가치로 삼는다. AI 기술 역시 사회 전반에 미치는 영향력이 크기 때문에 그것에 공공 인프라로서의 역할을 기대하는 목소리가 높아지고 있다.

이 장은 오픈소스 AI를 민주적 기술로 실현하기 위한 제도적 조건, 특히 공공기관의 참여, 데이터 공유 정책, 시민의 기술접근권 보장 등 다양한 요소를 검토하며, 공공 알고리즘의 구현 가능성을 모색한다.

7장. 오픈소스 모델의 책임은 누구에게 있는가

수많은 기여자가 만든 오픈소스 AI 모델은 누구에게도 책임이 집중되지 않는 구조를 가지기 쉽다. 실제로 문제가 발생했을 때 책임 주체가 명확하지 않아 법적 공백이 발생한다.

이 장은 오픈소스 AI에서의 책임 귀속 문제, 특히 운영자 · 배포자 · 사용자 간의 법적 지위를 분석하며, 집단 개발과 개인 책임 사이에서 법이 어떤 조정 장치를 마련할 수 있을지 고찰한다.

8장. 기업은 왜 오픈소스를 채택하고 버리는가

기업은 개발 비용 절감과 혁신 유인을 위해 오픈소스를 활용하지만, 일정 시점 이후 독점화 전략으로 전환하는 경우가 많다. 이는 오픈소스의 공공성과 기업의 사적 이익이 충돌하는 지점을 보여 준다.

이 장은 기업의 오픈소스 활용 → 폐쇄화 전략을 분석하며, 이를 둘러싼 경제적 유인, 브랜드 전략, 규제 회피 방식 등을 비판적으로 조망한다. 오픈소스 생태계의 지속성을 위해 어떤 균형이 필요한지도 제시한다.

9장. AI 오픈소스 생태계의 지속 가능성

AI 오픈소스 프로젝트는 커뮤니티의 자발적 기여에 의존하지만, 장기적 유지와 보안, 업데이트, 거버넌스 유지 등에서 구조적 어려움에 직면하고 있다. 특히 상업화와의 균형은 여전히 과제로 남아 있다.

이 장은 지속 가능한 오픈소스 생태계를 위해 필요한 조건들(공정한 보상 구조, 제도적 지원, 거버넌스 모델)을 분석하고, 단기적 기여를 넘어 장기적 유지와 사회적 책임을 달성하기 위한 정책적 접근을 제안한다.

10장. 오픈소스 AI의 글로벌 거버넌스와 국제 규범

AI 오픈소스는 국경 없는 기술이지만, 각국의 법제, 안보 이슈, 정보 통제 정책과 부딪히며 갈등을 빚고 있다. 글로벌 차원의 규범과 협력이 없는 상황에서 오픈소스는 쉽게 정치화되고 통제될 수 있다.

이 장은 AI 오픈소스를 둘러싼 국제 규범화의 필요성과 그 실현 방안을 다루며, 세계무역기구(WTO), 세계지식재산기구(WIPO), 경제협력개발기구(OECD) 등 국제기구의 역할과 디지털 국제법 질서 재구성의 전망을 제시한다. 이는 모두의 기술을 위한 국제적 사회계약을 상상하는 출발점이 된다.

이 책에서 논의되는 것도 다양한 의견 중 하나로, 언젠가 기술 발전과 사회적 합의를 통해 답을 만들어 갈 수 있기를 희망한다.

01
AI는 왜 오픈소스를 요하는가

오픈소스를 통한 개방형 연구는 지식의 공유와 사회적 책임을 동시에 추구하는 새로운 과학 모델이다. 이는 AI 기술이 특정 기업의 독점물에서 벗어나, 학문과 공공의 영역에서 다시 정의되어야 한다는 점을 보여 준다. 오픈소스는 학술성과 사회적 신뢰를 잇는 중요한 매개이며, 이를 지속 가능하게 만드는 법제적 기반이 반드시 뒷받침되어야 한다.

기후 위기와 인공지능?

AI 혁신을 이끄는 오픈소스 커뮤니티의 역할

AI의 발전은 더 이상 일부 대기업의 전유물이 아니다. 오픈소스 커뮤니티는 다양한 개발자들이 협력해 기술의 기초를 만들고, 이를 전 세계에 공유함으로써 AI의 민주화를 이끌고 있다. 실제로 오늘날 사용되는 많은 AI 프레임워크와 라이브러리는 깃허브(GitHub)와 같은 플랫폼을 통해 자유롭게 접근할 수 있다. 이는 기술의 진입 장벽을 낮추고, 지역과 소득 수준에 관계없이 누구나 AI 개발에 참여할 수 있게 만든다.

오픈소스는 소수 엘리트가 아니라 수많은 기여자들의 협력으로 작동한다. 예컨대 텐서플로(TensorFlow), 파이토치(PyTorch) 같은 프레임워크는 처음에는 기업 주도로 개발되었지만, 이후 수천 명의 외부 기여자들의 참여로 기능이 보완되고 확장되었다. 이처럼 AI 기술은 커뮤니티 중심의 발전 구조를 통해 더 빠르고 유연하게 진화할 수 있었다.

법적 관점에서 볼 때, 이러한 오픈소스 커뮤니티는 비계약적 협업이라는 독특한 형식을 취한다. 즉 명확한 법률관계나 계약 없이도 기여와 사용이 이루어지며, 이는 기존 지식재산권 체계와는 다른 지식의 흐름을 만들어낸다. 이에 따라 오픈소스의 법적 지위를 어떻게 보호하고, 기여자 권리를 어떻게 규정할 것인가 하는 문제도 점점 중요해지고 있다. 다만, GPL 등 오픈소스 라이선스를 통해 엄격히 통제된다는 점에서 계약적 기반으로 볼 수도 있다.

또한 오픈소스는 단순히 코드를 공유하는 데 그치지 않는다. 학술 논문, 모델 가중치, 평가 기준, 실험 데이터 등 AI의 전 과정에 걸친 오픈 과학(open science) 정신과 연결되어 있다. 이는 AI의 신뢰성과 검증 가능성을 높이며, 기술적 불평등을 완화하는 수단이 되기도 한다.

결국 AI 혁신은 단순한 기술의 진보가 아니라 지식의 개방과 협력을 통해 형성되는 새로운 패러다임이다. 오픈소스 커뮤니티는 이러한 패러다임을 실현하는 핵심 구조이며, 이를 법적으로 뒷받침하기 위한 제도적 설계가 AI 시대의 핵심 과제가 될 것이다.

파이토치, 텐서플로와 오픈 프레임워크의 확산

AI 기술의 급격한 발전 뒤에는 몇몇 핵심 소프트웨어 프레임워크의 존재가 있다. 특히 구글이 주도한 텐서플로와 페이스북(메타)이 개발한 파이토치는 사실상 딥러닝 모델 구현의 표준 도구가 되었다. 이 두 프레임워크는 모두 오픈소스로 공개되어 있어 누구나 자유롭게 다운로

드하고 수정하며 사용할 수 있다. 이는 AI 기술을 특정 기업의 독점물이 아니라 글로벌 커뮤니티의 공유 자산으로 확장하는 데 결정적인 역할을 했다.

프레임워크란 일종의 기술의 뼈대다. 프로그래머가 일일이 모든 연산을 구현하지 않더라도 복잡한 신경망 모델을 손쉽게 만들 수 있게 돕는 도구다. 텐서플로는 처음부터 기업과 연구소 중심의 대규모 학습 환경을 고려해 설계되었고, 파이토치는 직관적 코드 작성과 실시간 디버깅이 가능해 학술계와 스타트업에 빠르게 확산되었다. 두 프레임워크 모두 자체적으로 다양한 도구를 내장하고 있으며, 수많은 오픈소스 확장 패키지와 호환된다.

법적 관점에서 보면, 이러한 프레임워크는 전통적인 상용 소프트웨어와는 다른 지식재산권 체계를 따른다. 파이토치는 BSD-스타일 라이선스를, 텐서플로는 아파치 라이선스(Apache License) 2.0을 적용하고 있으며, 이는 소스코드를 수정하거나 상업적 용도로 사용하는 데 법적 제약이 거의 없다. 단, 이와 같은 자유로운 사용 허용은 해당 소프트웨어에 대한 책임 면제 조항을 포함하고 있으며, 사용자 스스로 리스크를 감수해야 하는 구조다.

AI 프레임워크의 오픈소스화는 AI 기술 발전을 가속화했지만, 동시에 상업적 경쟁에서 불공정 사용이나 소송의 여지도 만들어 냈다. 예를 들어 오픈소스를 기반으로 파생된 폐쇄형 서비스가 원개발자에게 아무런 보상을 하지 않는 경우도 많고, 개방된 코드를 악용한 보안 위협 사례도 증가하고 있다. 따라서 오픈 프레임워크의 법적 보호와 기여자 권리의 균형은 향후 중요한 논쟁 지점이 될 것이다.

결국 텐서플로와 파이토치의 확산은 오픈소스가 없었다면 불가능했을 기술 진보의 산물이다. 그러나 이러한 기술의 공유와 상업적 활용 사이에는 언제나 긴장이 존재하며, 이를 해소하기 위한 지식재산권과 책임법의 현대화가 필요하다. 우리는 이제 AI 프레임워크가 단순한 도구를 넘어 법적 · 윤리적 · 사회적 함의를 동반한 인프라가 되었음을 인식해야 한다.

재현 가능성과 투명성의 확보 문제

AI 기술이 신뢰를 얻기 위해서는 동일한 조건에서 동일한 결과를 낼 수 있어야 한다. 이를 재현 가능성(reproducibility)이라고 부른다. 재현 가능성은 과학의 기본 원리이자 책임 있는 기술 개발의 전제 조건이다. 그러나 최근 몇 년간 발표된 많은 AI 모델은 논문만 공개되었을 뿐, 학습 코드나 데이터, 하이퍼파라미터 등 실질적인 재현 정보가 누락된 경우가 많았다. 이로 인해 성능을 검증하거나 공정성을 점검하는 것이 불가능한 경우가 발생한다.

오픈소스는 이러한 문제를 해결하는 데 중요한 열쇠다. 학습에 사용된 코드, 모델 구조, 데이터 전처리 방식 등이 함께 공개될 때, 독립적인 제삼자가 이를 시험하고 검증할 수 있다. 이는 단지 기술적 정합성만을 위한 것이 아니라, AI 모델이 사회적 영향을 미치는 시대에 윤리적 감시를 가능하게 하는 제도적 조건이기도 하다. 예컨대 인종 · 성별에 따른 알고리즘 편향이 재현 가능한 환경에서만 발견될 수 있다는 점은 중요하다.

법학자의 시각에서 보면, 투명성과 재현 가능성은 책임의 선결 조건이다. AI가 의료 진단, 금융 평가, 법률 자문 등 고위험 분야에서 사용되는 상황에서, 사고 발생 시 "무엇이 잘못되었는가"를 규명할 수 있는 정보가 있어야 책임 귀속이 가능하다. 오픈소스는 기술의 블랙박스화를 방지하고, 법적 책임의 실현 가능성을 높여 주는 장치로 기능할 수 있다.

그렇다고 모든 기술을 완전히 공개해야 한다는 것은 아니다. 보안상 민감한 요소나 악용 우려가 있는 코드까지 무분별하게 배포되면, 오히려 사회적 위험이 커질 수 있다. 따라서 오픈소스의 재현 가능성 보장과 위험 통제 간의 균형이 필요하며, 이를 위해서는 조건부 오픈이나 투명성 레벨 표준화 같은 새로운 정책 도구도 고민할 수 있다.

결국 AI 기술은 과학적 검증이 가능해야 하며, 오픈소스는 이를 실현할 수 있는 가장 실효적인 수단이다. 투명한 기술은 신뢰를 낳고, 신뢰는 공공적 수용을 가능케 한다. 재현 가능성을 전제로 한 AI 기술은 법적 책임, 윤리적 판단, 사회적 합의를 유도하는 기반이 되며, 이는 기술사회에서 민주적 통제의 실질적 출발점이다.

AI 접근권과 기술 민주화의 연결 고리

AI는 이제 단순한 산업 기술을 넘어 교육, 복지, 행정 등 다양한 공공 서비스의 기반 인프라가 되어 가고 있다. 이처럼 중요한 기술에 누구나 접근할 수 있어야 한다는 요구는 기술 민주화(technology democratization)의 핵심 주장이다. 특히 AI 개발 도구가 오픈소스로 공개될 경우, 자본력이 부족한 지역이나 개인도 동등한 출발점에서 경쟁할 수 있다. 이는 디지털 시대의 새로운 평등 개념을 열어 준다.

기술 접근권은 헌법상의 정보기본권이나 교육권과도

연결될 수 있다. 누구나 최소한의 디지털 도구와 지식을 누릴 수 있어야 하며, 오픈소스는 이를 위한 실제적 수단이다. 특정 기업이 폐쇄형 생태계를 통해 모델을 독점하고, 접근을 유료화하거나 제한할 경우, 이는 기술 격차를 심화하고 시민의 정보 주권을 위협할 수 있다. 오픈소스는 이러한 폐쇄성과 불평등에 대한 제도적 대응책으로 기능할 수 있다.

모두의 AI에서 강조하는 AI 접근권은 단지 기술을 쓸 수 있는 자유에 그치지 않는다. 그것은 동시에 기술을 이해하고 비판할 수 있는 능력을 의미하며, 이는 민주 사회에서 시민 주권의 핵심 요소다. 예를 들어 공공기관이 사용하는 알고리즘이 투명하고 검증 가능해야 국민의 설명요구권이 실질화할 수 있다. 오픈소스는 이 요구를 제도적으로 뒷받침하는 기반이다.

하지만 모든 오픈소스가 진정한 접근권을 보장하는 것은 아니다. 기술 문서가 부실하거나 사용이 지나치게 어렵다면, 실제로는 접근이 제한된 것이나 마찬가지다. 따라서 기술의 오픈은 단순한 코드 공개가 아니라 사용성과 교육 자료, 커뮤니티 지원까지 포함하는 접근가능성의 생태계로 설계되어야 한다. 이 역시 법과 정책의 지원 없이는 실현되기 어렵다.

결국 오픈소스는 기술 접근권을 실질화하는 제도적 장치이며, 기술 민주화를 위한 핵심 인프라다. 국가와 지자체, 교육기관은 이를 활용해 AI 리터러시와 포용성을 높이고, 디지털 시대의 공공성을 재구성해야 한다. 오픈소스는 기술 주권과 사회적 평등을 동시에 지향하는 도구로서, 민주주의적 기술사회로 가는 다리를 놓고 있다.

개방형 연구 생태계와 학술적 기여 구조

AI 연구는 오랫동안 학술 논문 중심으로 이루어져 왔지만, 최근에는 코드와 모델의 공개가 연구 성과의 주요 척도가 되고 있다. 단순히 이론적 아이디어를 발표하는 것을 넘어, 그 구현물 자체가 학문적 기여로 간주되기 시작한 것이다. 이에 따라 마이크로소프트의 깃허브, 메타의 페이퍼스위드코드(Papers with Code) 같은 플랫폼은 개방형 연구 생태계를 만들어 내고 있으며, 이는 전통적인 지식 생산 방식을 변화시키고 있다.

특히 대학, 연구소, 비영리 기관에서 개발된 오픈소스 모델은 학술적 중립성과 공공성을 바탕으로 기술의 신뢰를 높이는 역할을 한다. 예컨대 스탠퍼드대학교의 알파카(Alpaca), 일루서AI의 지피티-네오(GPT-Neo), 라이언(LAION) 데이터셋 등은 상업적 이해관계를 벗어나 기술의 윤리적 실험 공간을 제공했다. 이러한 프로젝트는 사회적 영향력이 크면서도 기여자들에게는 학문적 명성과 실질적 기회를 제공한다.

법적 측면에서 보면, 이와 같은 학술 기반 오픈소스는 지식재산권 보호와 공정한 기여 보상이라는 두 과제를 안고 있다. 특히 연구자와 기관 사이의 라이선스 권한 배분, 기여자의 저작권 귀속 문제, 상업적 재활용 시 수익 분배 구조 등은 점점 더 복잡해지고 있다. 따라서 연구윤리와 오픈 라이선스 설계는 밀접하게 연결되어야 한다.

또한 개방형 연구는 데이터와 실험 환경의 공유 없이는 실현될 수 없다. 이 과정에서 개인정보 보호법, 연구윤리 규정, 기술윤리 원칙 등 다양한 법규범이 적용될 수 있으며, 이들을 충돌 없이 조화시키는 정책적 설계가 중요하다. 기술의 개방성과 권리 보호 사이의 균형은 특히 공공재적 성격을 갖는 연구 프로젝트에서 더욱 민감한 사안이 된다.

궁극적으로 오픈소스를 통한 개방형 연구는 지식의 공유와 사회적 책임을 동시에 추구하는 새로운 과학 모델이다. 이는 AI 기술이 특정 기업의 독점물에서 벗어나 학문과 공공의 영역에서 다시 정의되어야 함을 보여 준다.

오픈소스는 학술성과 사회적 신뢰를 잇는 중요한 매개이며, 이를 지속 가능하게 만드는 법제적 기반이 반드시 뒷받침되어야 한다.

02
오픈소스와 생성형 AI의 등장

오픈소스 생성형 AI는 그 자체로 위험 요소를 안고 있다. 예컨대 음란물 생성, 허위정보 생산, 저작권 침해, 증오 발언 등에 대한 우려가 상존하며, 누구나 자유롭게 사용할 수 있다는 점이 통제 불가능성의 원인이 되기도 한다. 따라서 기술의 개방성과 사회적 책임 사이의 균형을 위한 법적 · 윤리적 제도 설계가 시급하다. 결국 생성형 AI는 단순히 폐쇄 대 공개라는 이분법을 넘어 기술의 구조, 거버넌스 방식, 사회적 책임 분담까지 포함하는 복합적 문제다.

노래하는 AI 보컬?

생성형 AI와 오픈소스 모델의 확산 배경

생성형 AI의 급부상은 단순한 기술 발전을 넘어 인간의 언어와 창작, 사고에 대한 접근 방식 자체를 변화시키고 있다. 텍스트, 이미지, 음성, 코드 등 다양한 콘텐츠를 자동 생성하는 이 기술은 챗지피티, 미드저니, 깃허브, 코파일럿 등으로 널리 확산되었다. 그중에서도 대규모 언어 모델(Large Language Model, LLM)의 개발 경쟁은 글로벌 기술 패권의 핵심이 되고 있다.

이러한 흐름 속에서 오픈소스 모델의 확산은 하나의 대체적 흐름으로 주목받고 있다. 처음에는 오픈AI처럼 폐쇄형 모델이 주도권을 쥐었으나, 이후 메타의 라마(LLaMA), 스태빌리티AI의 스테이블 디퓨전, 허깅페이스(Hugging Face) 기반의 블룸(BigScience Large Open-science Open-access Multilingual Language Model, BLOOM) 등이 등장하면서 오픈소스 진영도 빠르게 성장했다. 이들 모델은 코드와 가중치, 학습 데이터 정보를 공개하거나 특정 조건하에 재사용을 허용하면서 AI 기술의 개방성과 실험 가능성을 크게 확장했다.

오픈소스 생성형 AI는 단순한 기술 대안이 아니다. 폐쇄형 모델의 독점성과 불투명성, 비용 장벽에 대한 비판적 응답으로 기능하며, AI 기술에 대한 사회적 통제의 가능성을 넓힌다. 특히 비영리 개발자, 학술 연구자, 시민 단체 등이 참여할 수 있는 기반을 제공한다는 점에서 민주적 기술 생태계 조성에 기여한다. 이는 디지털 시대의 새로운 공공 기술 인프라(public technology infrastructure) 모델로도 해석될 수 있다. 공공 기술 인프라는 AI와 데이터 경제의 중심에서 기술을 공공재로 간주하고 시민 전체의 접근·활용·통제 권리를 보장하는 개념적·제도적 구조를 의미한다. 이는 도로·전기·상하수도와 같은 전통적 사회기반시설처럼, AI·데이터·클라우드·API·오픈소스 기술이 국민 모두에게 공평하게 제공되어야 한다는 원칙을 전제로 한다.

오픈소스 생성형 AI는 그 자체로 위험 요소도 안고 있다. 예컨대 음란물 생성, 허위정보 생산, 저작권 침해, 증오 발언 등에 대한 우려가 상존하며, 누구나 자유롭게 사용할 수 있다는 점이 통제 불가능성의 원인이 되기도 한다. 따라서 기술의 개방성과 사회적 책임 사이의 균형을 위한 법적·윤리적 제도 설계가 시급하다.

결국 생성형 AI는 단순히 폐쇄 대 공개(open)라는 이분법을 넘어 기술의 구조, 거버넌스 방식, 사회적 책임 분담까지 포함하는 복합적 문제다. 오픈소스의 확산은 기술 개발에 다양성과 실험성을 부여하는 동시에 AI 시대의 공공성과 책임성 논의에 새로운 지평을 열고 있다.

라마, 미스트랄, 팰컨의 개방 전략 비교

오픈소스 모델의 흐름을 살펴보면, 각 모델이 선택한 개방의 방식에는 전략적 차이가 존재한다. 메타의 라마는 비상업적 연구자에게 모델을 제공하며, 직접 오픈소스 라이선스를 택한 것은 아니지만 사실상 학술 · 비영리 목적의 개방을 구현하고 있다. 반면 미스트랄(Mistral)과 팰컨(Falcon)은 모델 가중치와 사용 코드를 모두 공개하며, 상업적 사용까지 허용하거나 조건부 라이선스를 통해 재사용을 장려하고 있다.

이러한 차이는 법적 라이선스의 설계, 기업의 생태계 전략 그리고 국가 또는 기관의 기술 정책에 따라 다양하게 결정된다. 라마는 비공식 개방(unofficial openness)을 택해 법적 통제를 유지하면서도 생태계를 유인했고, 미스트랄은 유럽 내 AI 경쟁력 확보라는 전략적 목적을 강조하며 완전 공개를 선택했다. 팰컨은 아랍에미리트 국립 AI 연구소가 개발한 모델로, 국가 차원의 공공성 강조가 개방 결정에 영향을 미쳤다. 비공식 개방은 제한적 개방(restricted openness)으로 볼 수 있으며, 라마의 공개 방식처럼 형식적으로는 오픈소스처럼 보이지만 실질적으로는 통제되고 제한된 공유 방식을 의미한다. 이는 기존의 자유소프트웨어나 오픈소스 정의(Open Source Definition, Free Software Definition)와는 본질적으로 다른 철학과 운영 구조를 갖는다.

법적 측면에서 보면, 이러한 모델들의 개방 전략은 라이선스 유형과 책임 귀속 범위에 따라 크게 달라진다. 비상업적 라이선스는 공공 연구를 촉진하지만, 상업화를 어렵게 만들 수 있다. 반대로 아파치, MIT 등 자유로운 라이선스는 산업적 활용도를 높이지만, 악용 방지책이 미비할 수 있다. 따라서 각 모델이 택한 개방 수준은 법적 책임 구조 그리고 윤리적 기준 설정과 직접 연결되어 있다.

또한 이들 모델은 각기 다른 커뮤니티 전략을 활용한다. 라마는 연구자 커뮤니티 중심의 분산적 실험을, 미스트랄은 깃허브 중심의 민첩한 배포와 피드백 체계를, 팰컨은 언어적 다양성과 다국적 협업을 강조하고 있다. 이는 오픈소스의 개방 정도뿐 아니라 누구를 위한 개방인가라는 질문과도 연결된다.

따라서 라마, 미스트랄, 팰컨의 전략 비교는 단지 모델 성능이 아니라 기술의 공공성, 법적 구조, 생태계 설계의 측면에서 오픈소스의 다양한 가능성과 한계를 드러낸다. 기술의 개방은 선택의 문제가 아니라 책임과 구조를 동반한 정치적·법적 결정이라는 점을 명확히 보여 주는 사례다.

허깅페이스, 깃허브의 플랫폼 정치

오늘날 오픈소스 AI 생태계의 중심 플랫폼을 꼽자면 단연 허깅페이스와 깃허브다. 허깅페이스는 자연어처리(Natural Language Processing, NLP) 모델 공유 플랫폼에서 시작해, 현재는 다양한 AI 모델과 데이터셋, 학습 도구를 통합 관리하는 AI 생태계의 허브로 기능하고 있다. 깃허브는 모든 코드 협업의 기본 인프라로 자리 잡았고, 수많은 AI 오픈소스 프로젝트의 버전 관리와 공동 개발을 가능케 한다.

이들 플랫폼은 단순한 저장소 그 이상이다. 허깅페이스는 모델 카드, 데이터셋 카드, 윤리적 라벨(Ethical Label) 등의 정책을 통해 기술의 사회적 영향을 의식적으로 설계하고자 노력해 왔다. 깃허브 역시 코파일럿(Copilot) 등 자체 AI 서비스를 통해 오픈소스를 상업적으로 활용하는 방향으로 진화하고 있다. 이러한 중재자 역할을 수행하는 플랫폼은 기술의 접근성과 투명성을 결정하는 실질적 권력을 갖는다.

법학자의 시각에서 이 현상은 플랫폼의 민간 규제자(private regulator)로서 지위와 관련된다. 실제로 허깅페이스는 특정 위험 모델의 삭제, 비윤리적 데이터셋의 공개 제한 등 플랫폼 규칙을 스스로 설정·집행한다. 이는 법의 외곽에서 이루어지는 일종의 비공식 법 집행이며, 책임 구조나 사후 구제 수단이 명확하지 않다는 점에서 법적 문제를 동반한다.

또한 이들 플랫폼은 오픈소스의 중심에 서 있으면서도 상업 기업이며, 이윤 동기와 공공성의 균형이라는 구조적 긴장을 안고 있다. 깃허브는 마이크로소프트의 자회사이며, 허깅페이스도 투자 유치와 수익화를 병행하는 구조다. 이런 맥락에서 플랫폼은 기술 자유를 촉진하는 동시에 특정 기업 논리에 따라 기술 선택과 노출을 통제하는 이중성을 보인다.

따라서 허깅페이스와 깃허브는 오픈소스의 기술적 토대일 뿐 아니라 기술의 정치적 방향성과 규범적 질서를 실질적으로 형성하는 주체다. 오픈소스를 진정한 공공재로 만들기 위해서는 이러한 플랫폼 권력의 구조를 비판적으로 바라보고, 거버넌스와 책임을 둘러싼 새로운 법제적 논의를 진행해야 한다.

API 기반 폐쇄형 모델과 오픈소스의 경합

최근 생성형 AI 시장의 주요 트렌드는 API 중심 접근이다. 챗지피티, 제미나이, 클로드, 코파일럿 등 대형 모델들은 자체 코드를 공개하지 않고, 특정 기업이 운영하는 API를 통해서만 접근 가능하다. 사용자가 해당 기업의 서버에 요청을 보내고, 그 결과만 전달받는 구조다. 이는 기술 통제권이 사용자에게 있지 않고 서비스 제공자에게 집중되는 형태다.

이와 달리 오픈소스 모델은 전체 구조와 코드를 공개하며, 사용자가 이를 수정하고 자체 서버에서 실행할 수 있도록 한다. 이 방식은 기술의 자율성과 투명성을 보장하지만, 고성능 모델을 실행하려면 상당한 컴퓨팅 자원과 전문 지식이 필요하다. 결국 이는 접근성과 자유 사이에서 균형을 잡는 문제로 귀결된다.

법적으로 보면 API 기반 모델은 면책과 책임 통제가 용이하다는 장점이 있다. 기업은 사용자가 무엇을 입력했는지, 어떤 응답이 제공되었는지를 로깅하고 관리할 수 있기 때문이다. 반면 오픈소스 모델은 공개된 만큼 사용자가 악용할 여지가 있고, 개발자가 그에 대한 책임 범위를 제한하기 어렵다. 이 점은 최근 유럽연합(EU) 인공지능법(AI Act)에서도 오픈소스에 대한 특례 조항으로 논의되고 있다. 즉 유럽연합 인공지능법 제53조는 비영리 목적의 범용 AI 모델(General Purpose AI, GPAI) 개발자가 해당 모델을 시장에 출시하거나 상업적 용도로 사용하지 않을 경우 규제 적용 대상에서 제외된다고 명시한다. 이 조항은 오픈소스 생태계의 기술 혁신과 공공 기여를 보호하기 위한 특례 규정으로, 과도한 규제로 인해 자발적 연구·기여가 위축되는 것을 방지하는 데 목적이 있다. 다만 이 특례는 무조건적 면책이 아니라 특정 조건하에 한정적으로 주어지는 예외로 이해되어야 한다. 범용 AI 모델이 상업화되거나 고위험 AI 시스템에 통합되는 순간부터는 다시 규제 대상이 된다. 이러한 규정은 오픈소스를 단순한 코드 공개로 보지 않고 사회적 책임성과 위험 관리라는 거버넌스 요소와 함께 평가하려는 시도로 해석할 수 있다. 즉 기술을 자유롭게 공유할 수 있도록 하되, 그 결과로 발생할 수 있는 사회적 위해에 대해서는 파인튜닝하거나 배포한 자에게 책임을 귀속하는 구조를 채택한 것이다. 이는 기술 민주주의와 위험 기반 규제 사이의 균형점을 제도적으로 구현한 대표적 사례다.

그러나 API 모델은 투명성과 설명 가능성 면에서 근본적 한계가 있다. 사용자는 어떤 데이터가 학습되었는지, 어떤 방식으로 판단이 이루어졌는지 알 수 없고, 이로 인해 알고리즘의 편향이나 오류에 대응할 길이 제한된다. 특히 공공 영역이나 고위험 분야에서는 이러한 비가시성이 치명적일 수 있다.

API 기반 모델과 오픈소스 모델은 기능성과 법적 책임, 기술적 자유의 배분 방식이 전혀 다르다. 이 경합은 단순한 기술 경쟁이 아니라 AI 시대 정보 통제와 민주주의의 방향을 결정짓는 구조적 문제이며, 사회 전체가 함께 논의해야 할 법적 · 윤리적 과제다.

경량화·파인튜닝과 개발자 중심 생태계

최근 오픈소스 AI 모델의 핵심 흐름 중 하나는 경량화(lightweight)와 파인튜닝(fine-tuning. 부분 학습)이다. 기존 대규모 언어 모델은 수십억 개의 파라미터를 갖고 있어 실행에 막대한 자원이 필요했다. 그러나 최근에는 모델 구조를 효율적으로 줄이고 특정 목적에 맞게 파인튜닝을 수행해 높은 성능을 내는 방식이 확산되고 있다.

이러한 흐름은 개인 개발자와 소규모 팀이 AI 모델을 실질적으로 활용할 수 있게 했다. 대표적으로 알파카, 비쿠냐(Vicuna), 제피르(Zephyr) 등은 라마 등 대형 모델을 기반으로 소형화하고 법률 문서, 교육 자료 등 특정 분야에 맞게 재학습한 사례다. 이는 하위 모델 생태계를 형성하며, 오픈소스의 실용성과 다양성을 크게 넓히고 있다.

법적 관점에서 경량화와 파인튜닝은 원모델과 파생모델 간의 저작권 및 책임 관계에 대해 새로운 질문을 던진다. 원모델이 폐쇄형이거나 특정 라이선스를 따를 경우, 이를 바탕으로 한 파인튜닝 결과물이 상업적으로 사용될 수 있는가? 원저작권자의 동의 없이 수정된 모델의 오류에 대해 누가 책임을 질 것인가? 이러한 물음은 기존 저작권법 체계의 확장 해석을 요구한다.

또한 파인튜닝의 결과물이 고유한 창작성을 지니는가, 아니면 단순 변형에 불과한가에 대한 판단도 중요하다. 이는 AI 모델의 파생저작물 인정 여부와도 연결되며, 국회가 입법적 공백을 메꾸는 것이 바람직하지만, 그 이전에라도 행정부가 가이드라인 형태로 구체적 기준을 마련해야 할 부분이다. 특히 AI 생태계에서는 자유로운 재사용과 책임의 분리가 동시에 요구되기 때문에, 기술적 상호운용성과 법적 상호운용성 사이의 균형이 필요하다. 경량화와 파인튜닝은 오픈소스를 단순한 기술 공유에서 참여 가능한 기술로 전환하는 중요한 전환점이다. 이는 기술의 민주화를 실질적으로 가능케 하며, 법과 정책은 이를 뒷받침하는 규범적 기반을 갖추어야 한다. 오픈소스의 성공은 기술만이 아니라 그것을 둘러싼 사회적 설계의 결과이기 때문이다.

03
오픈소스 라이선스와 AI 개발의 법적 쟁점

AI 기술에 적합한 오픈소스 법제는 단순한 라이선스 설계를 넘어 사용자 윤리 통제, 기여자 권리 보호, 국제적 정합성이라는 복합 과제를 함께 해결해야 한다. 이를 위해서는 새로운 유형의 공정기여협약, 분산형 기여자 인증 체계, AI 개발 윤리 헌장과 같은 제도적 보완이 함께 논의되어야 한다. AI 시대의 오픈소스는 공개의 문제가 아니라 공존과 책임의 문제로 전환되고 있다.

인공지능과 편향?

오픈소스 라이선스의 구조와 AI 적용

오픈소스 소프트웨어는 기본적으로 소스코드를 누구나 열람하고, 수정하고, 재배포할 수 있도록 허용하는 라이선스를 따른다. 그중 대표적인 세 가지가 일반 공중 라이선스(General Public License, GPL), MIT 라이선스, 그리고 아파치 라이선스 2.0이다. 이들은 각각 개방의 범위, 저작물 파생 시의 조건, 책임 면제 조항 등에서 차이를 보이며, AI 개발 환경에 따라 법적 리스크와 유연성이 달라진다.

GPL은 강력한 카피레프트(copyleft) 조항을 포함하고 있어, 이를 활용한 2차 저작물도 동일한 라이선스로 공개해야 한다. 이는 자유소프트웨어의 철학을 지키는 데 효과적이지만, 상업적 재활용에는 부담이 될 수 있다. 반면 MIT 라이선스는 가장 간단하고 자유로운 유형으로, 복사 · 수정 · 배포 · 상업적 사용이 자유롭고 단지 저작자 표시만 요구된다. 아파치 라이선스 2.0은 이에 더해 특허권 보호 조항을 포함하고 있어 기업들이 선호하는 경향이 있다.

AI 분야에서는 이러한 라이선스들이 코드에만 적용되는가, 아니면 모델이나 가중치에도 적용되는가에 대한 해석이 중요하다. 예컨대 파이토치 기반으로 개발된 대규모 언어 모델을 상업적으로 배포할 경우, 해당 라이선스의 조건을 그대로 따라야 하는지 여부는 실무상 혼란을 낳는다. 특히 가중치나 학습 데이터는 코드와는 다른 법적 성격을 가지므로 이를 명시적으로 규율하지 않는 라이선스는 해석상 공백을 남긴다.

오픈소스 라이선스는 국제적으로 통용되지만, 실제 분쟁 발생 시 어느 국가의 법이 적용되는지에 따라 결과가 달라질 수 있다. 예컨대 미국 법원은 사건에 따라 오픈소스 라이선스 위반을 저작권 침해로 보기도 하고[Jacobsen v. Katzer, 535 F.3d 1373(Fed. Cir. 2008)], 계약 위반으로 다루기도 한다[Artifex Software, Inc. v. Hancom, Inc., 2017 WL 1477373(N.D. Cal. Apr. 25, 2017)]. 반면 독일 법원은 GPL 조건을 저작권법상 구속력 있는 조건으로 인정하면서 위반 시 저작권 침해 책임을 명확히 부과했다[LG München I, 21 O 6123/04 (2004)]. 따라서 국제적 AI 프로젝트에서는 관할 법률과 계약상 조항을 면밀히 확인할 필요가 있다.

결국 오픈소스 라이선스는 AI 개발의 자유를 확대하는 동시에 그 조건과 범위를 둘러싼 법적 논쟁을 동반한다. 이를 명확히 이해하지 않고 사용하는 경우, 예상치 못한 침해 책임이나 상업적 제한에 직면할 수 있다. AI

개발자와 기업은 기술뿐 아니라 그 기반이 되는 라이선스 체계에 대한 법적 소양을 반드시 갖춰야 한다.

코드·모델·데이터의 라이선스 경계 문제

AI 개발은 단순히 소프트웨어 코드만으로 이루어지지 않는다. 코드(프레임워크), 모델(구조 및 파라미터), 학습 데이터(콘텐츠)가 함께 작동하며 하나의 시스템을 구성한다. 그러나 이 세 구성 요소는 각기 다른 법적 성격을 지니며, 적용 가능한 라이선스도 다르다. 이로 인해 "어디까지가 오픈소스인가"라는 질문이 복잡한 법적 쟁점이 된다.

코드는 전통적 저작권법상 컴퓨터프로그램으로서 보호되며, 오픈소스 라이선스가 가장 잘 정립된 영역이다. 하지만 모델 구조나 가중치는 수치의 배열에 불과하므로, 창작성 요건을 충족하지 못할 경우 저작권의 보호 대상이 되지 않을 수 있다. 반면 모델 구조 자체는 창작성이 인정될 여지가 있고, 이를 별도의 라이선스로 관리하려는 시도도 존재한다.

데이터는 더욱 복잡하다. 텍스트, 이미지, 영상, 음성 등 다양한 유형이 혼합되어 있으며, 각 콘텐츠가 제삼자의 저작물인 경우도 많다. 데이터셋에 적용되는 라이선스는 크리에이티브 코먼스(Creative Commons, CC) 라이선스나 오픈 데이터 코먼스(Open Data Commons, ODC) 라이선스 등 다양한 형태가 있으며, 종종 원저작자의 동의 없이 수집되는 경우도 있다. 따라서 데이터 수집의 적법성과 라이선스 명시 여부는 법적 리스크 관리의 핵심이다.

이러한 경계 문제는 상호 연동된 형태로 나타난다. 예컨대 ① GPL 기반 코드로 만든 모델을 MIT 라이선스하에 배포할 수 있는가? ② 상업적 사용이 금지된 데이터셋으로 학습한 모델이 생성한 결과물은 자유로운가? 이런 질문들은 오픈소스 생태계가 아직 해결하지 못한 회색지대이며, 국내외 법제와 판례의 축적이 시급하다. 개괄적으로 답하자면, ①은 불가능할 수 있다. GPL 라이선스 코드를 활용해 만든 AI 모델은 그 결과물도 GPL 조건을 따라야 하며, 이를 MIT(완화적 라이선스)로 전환해 배포하는 것은 허용되지 않기 때문이다. ②는 자유롭지 않을 수 있다. 라이선스 조건이 AI 모델에도 간접적으로 귀속될 수 있기 때문이다. 즉 상업적 사용이 금지된 데이터셋으로 학습한 모델은 결과물도 자유롭지 않다.

따라서 AI 개발의 법적 책임 구조를 정립하려면 코드·모델·데이터를 일괄적으로 다루는 대신 각 구성

요소별로 법적 성격과 규율 범위를 명확히 구분하고 이를 연계할 수 있는 통합적 라이선스 체계가 필요하다. 기술의 융합적 특성이 오히려 법의 분절성을 드러내고 있는 지금, 법제도의 유기적 정비가 절실하다.

2차적 저작물성과 AI 모델의 저작권 귀속 쟁점

AI 모델의 학습 결과는 본질적으로 기존 자료를 학습한 알고리즘이다. 그런데 이때 학습된 모델 자체나 그 결과물은 저작권법상 2차적 저작물로 볼 수 있을까? 이 질문은 AI 기술이 오픈소스를 기반으로 개발되었을 때 더욱 복잡해진다. 예를 들어 GPL이나 CC-BY-SA처럼 2차적 저작물에 동일한 라이선스를 요구하는 경우, AI 모델이 그 조건을 어떻게 충족해야 하는가?

AI 모델을 2차적 저작물로 인정할 수 있을지 여부는 법적으로 불확실하다. 기존 저작권법은 인간의 창작 행위에 의한 결과물만을 보호 대상으로 삼기 때문에, 기계가 스스로 학습해 생성한 가중치나 결과물은 법적으로 창작물로 보지 않는 것이 일반적이다. 그러나 문제는 AI 모델이 원저작물의 구조나 성향을 상당 부분 반영하는 경우, 간접 침해나 2차적 저작물로 간주될 가능성이다.

법적으로 2차적 저작물성이 인정되려면 원저작물에

대한 창작적 개작이 있어야 한다. 하지만 AI 모델은 통계적 학습에 기반하므로 직접적 개작 행위를 전제하기 어렵다. 이에 따라 가중치 배열 자체를 저작권 보호 대상에서 제외하거나, 새로운 보호 방식을 도입하려는 논의가 이루어지고 있다. 이와 동시에 일부 학자들은 AI 모델 그 자체를 저작권이 아닌 데이터베이스권, 특허권 또는 독자적(sui generis) 권리로 보호할 필요성을 제기한다.

이러한 논의는 오픈소스 모델에도 동일하게 적용된다. 특히 2차적 저작물에 동일한 라이선스를 요구하는 GPL 등에서는, 모델 가중치가 파생물인지 여부에 따라 배포 조건이 크게 달라진다. 예컨대 라마 기반 파인튜닝 모델이 2차적 저작물이라면, 그 결과물도 동일한 제한을 따라야 한다. 이는 기업이 오픈소스 모델을 상업화할 때 큰 법적 불확실성을 야기한다.

결국 AI 기술에서 2차적 저작물성 판단은 저작권법의 경계를 시험하는 문제이자, 오픈소스의 자유와 보호의 균형을 가늠하는 핵심 쟁점이다. 명확한 해석 기준 없이 방치될 경우 오픈소스 생태계의 신뢰성을 해칠 수 있으며, AI 개발의 법적 예측 가능성도 떨어질 수 있다. 이에 따라 AI 모델의 법적 성격에 대한 명시적 입법 또는 해석 지침이 중요한 과제로 부상하고 있다.

사스 모델과 라이선스 회피 문제

AI 서비스의 많은 부분은 소프트웨어를 사용자 디바이스에 설치하지 않고 클라우드를 통해 제공하는 사스(Software-as-a-Service, SaaS) 모델로 전환되었다. 문제는 기존 오픈소스 라이선스 대부분이 배포(distribution)를 전제로 설계되었기 때문에, 사스 방식에서는 라이선스 조건이 적용되지 않는 회피 지점이 발생한다는 점이다.

예컨대 GPL 라이선스는 소프트웨어를 배포할 경우 소스코드를 함께 공개하도록 요구하지만, 웹 서버에서만 작동하고 결과만 사용자에게 제공된다면 법적으로는 배포가 아니기 때문에 소스 공개 의무가 발생하지 않을 수 있다. 이로 인해 오픈소스를 사용하면서도 실질적으로 코드를 폐쇄적으로 운영할 수 있는 사스 기반 모델이 대거 등장했다. 이를 ASP 루프홀(Application Service Provider Loophole, ASP Loophole) 또는 라이선스 허점(SaaS Loophole)이라고 부른다. 참고로 ASP 루프홀은 오픈소스 소프트웨어 라이선스, 특히 GPL 규정이 웹 기반 서비스나 사스 환경에서는 제대로 적용되지 않는다는 점에서 발생하는 법적 허점을 의미한다. 이 문제를 해결하기 위한 시도로 아페로 GPL(Affero GPL, AGPL)이 제안되었다.

아페로는 2002년경 웹 기반 애플리케이션을 개발하던 회사로, 당시 GPL의 ASP 루프홀을 문제 삼고 이를 보완하기 위해 기존 GPL에 네트워크상의 상호작용에도 소스 공개 의무를 부과하는 조항을 추가한 새로운 라이선스를 고안했다. 이후 자유소프트웨어재단(Free Software Foundation, FSF)이 이를 받아들여 2007년에 공식적으로 AGPL v3를 발표했다. 이 버전은 GPL v3와 호환되며, 네트워크상 사용자와의 상호작용이 있을 경우에도 소스코드 공개를 요구하는 강력한 오픈소스 라이선스가 되었다. AGPL은 사스를 통한 접근도 사실상 배포로 간주해, 사용자와 상호작용이 이루어지면 소스 코드를 공개해야 한다고 명시한다. 그러나 AGPL은 지나치게 강한 규제를 요구한다는 비판을 받아 널리 채택되지는 않았다. 실무에서는 여전히 많은 기업들이 MIT, 아파치 라이선스를 선호하거나, GPL을 이용하더라도 사스 모델로 회피하는 경향이 있다.

이러한 상황은 오픈소스의 철학적 목표 즉 지식의 자유로운 순환과 실제 산업 현장의 법적 회피 전략 사이 괴리를 보여 준다. 특히 AI 모델이 클라우드 기반 API로 제공되는 경우, 오픈소스 코드가 핵심이더라도 서비스 형태로 전환되면 더 이상 소스 공개 의무가 발생하지 않는다. 이는 기술적으로는 투명하지만 법적 · 윤리적으로는 불완전한 구조라 할 수 있다.

결국 사스 회피 문제는 오픈소스 법제의 구조적 한계를 드러내며, 이를 보완하기 위한 새로운 유형의 라이선스 설계, 또는 공정사용 요건에 기반한 규제적 보완이 필요하다. 법이 기술 진화를 따라잡지 못하는 상황에서 개발자 · 기여자 · 이용자 사이의 새로운 신뢰 메커니즘이 요청된다.

AI 전용 오픈 라이선스 논의와 기여자 보호 문제

AI 개발 환경이 고도화되면서 기존 소프트웨어 중심의 오픈소스 라이선스로는 규율할 수 없는 새로운 문제들이 계속 나타나고 있다. 이에 따라 최근 몇 년 사이 AI 모델과 데이터에 특화된 새로운 형태의 오픈 라이선스가 등장하고 있다. 책임감 있는 AI 라이선스(Responsible AI License, RAIL), 빅사이언스(BigScience)의 Open RAIL-M, 오픈 데이터 코먼스, 크리에이티브ML(Creative ML) 등이 그것이다.

오픈소스 라이선스는 소프트웨어나 소스코드와 다른 산출물로서 머신러닝 모델의 기술적 성격과 기능을 고려하지 않으므로, 머신러닝 모델을 더욱 책임감 있게 사용할 수 있도록 적절하게 조정된 라이선스가 필요해졌다. 오픈소스처럼 개방적이며 책임감 있는 머신러닝 개발·사용·액세스를 향한 수단이 될 새로운 라이선싱 프레임워크인 개방형 및 책임감 있는 AI 라이선스(Open & Responsible AI Licenses, OpenRAIL)가 그 사례다.

이러한 라이선스는 단순히 자유로운 사용을 허용하는 것이 아니라 책임감 있는 사용을 요구한다. 예컨대 RAIL은 허위정보 생성, 인종차별적 발언, 군사 목적 이용 등을 금지하는 사용 조건을 명시하고 있으며, 위반 시 라이선스가 자동 종료된다. 이는 AI 기술의 악용 가능성을 통제하기 위한 시도로, 오픈소스와 윤리 원칙을 결합한 새로운 규범적 실험이라 할 수 있다.

그러나 이러한 AI 전용 라이선스는 법적 구속력이나 국제적 통일성 측면에서 아직 미흡하다. 대부분은 커뮤니티 중심의 자율 규약에 불과하며, 법원에서의 강제력은 불투명하다. 특히 사용 제한 조항이 계약적 효력을 갖기 위해서는 라이선스 수락 행위가 명시되어야 하는데, 실제 서비스 이용 과정에서 이러한 동의가 성립했는지는 증명하기 어렵다.

더 나아가 오픈소스 기여자에 대한 법적 보호나 보상

메커니즘도 여전히 미비하다. AI 모델의 기여자는 코드뿐만 아니라 데이터 정제, 파인튜닝, 성능 평가 등 다양한 방식으로 기여하지만, 법적으로는 그 권리를 명확히 주장하기 어렵다. 특히 다수의 익명·비계약적 기여가 혼합된 프로젝트에서는 기여의 범위와 가치를 정의하기가 쉽지 않다.

결국 AI 기술에 적합한 오픈소스 법제는 단순한 라이선스 설계를 넘어 사용자 윤리 통제, 기여자 권리 보호, 국제적 정합성이라는 복합 과제를 함께 해결해야 한다. 이를 위해서는 새로운 유형의 공정기여협약, 분산형 기여자 인증 체계, AI 개발 윤리 헌장과 같은 제도적 보완이 함께 논의되어야 한다. AI 시대의 오픈소스는 공개의 문제가 아니라 공존과 책임의 문제로 전환되고 있다.

04
학습 데이터는 오픈소스가 될 수 있는가

데이터의 공공재화는 오픈소스 AI의 지속 가능성을 위한 전략적 선택이며, 이를 위해서는 단순한 기술 인프라 구축을 넘어 법적 정당성과 윤리적 기준이 함께 수립되어야 한다. 우리는 데이터는 모두의 것이라는 이상에 기초하되, 그것이 어떤 방식으로 사회에 기여할 수 있을지 구체화하는 규범적 도구를 함께 설계해야 한다.

청각장애인과 AI?

오픈 데이터셋의 구조와 활용

AI 학습의 성패는 어떤 데이터를 얼마나 많이, 얼마나 잘 정제해 학습시키는가에 달려 있다. 이때 가장 널리 활용되는 자원 중 하나가 코먼 크롤(Common Crawl), 라이언(LAION), 더 파일(The Pile)과 같은 대규모 오픈 데이터셋이다. 이들은 웹에서 수집된 수십억 개의 문서, 이미지, 코드 등을 포함하며, AI의 언어 이해 및 생성 능력을 끌어올리는 데 결정적 역할을 해 왔다.

코먼 크롤은 웹페이지의 본문을 주기적으로 수집해 저장하는 미국 비영리단체의 프로젝트로, AI 기업뿐 아니라 학술 연구자, 언론 분석가 등에게도 널리 활용되고 있다. 라이언은 주로 이미지-텍스트 페어 데이터를 제공하며, 스테이블 디퓨전 같은 생성형 모델의 학습에 사용됐다. 이들은 모두 오픈 데이터를 표방하며 누구나 접근할 수 있도록 설계되어 있지만, 법적으로 진정한 오픈인지는 따져 볼 여지가 많다.

첫째 쟁점은 이들 데이터가 제삼자의 저작물로 구성되어 있다는 점이다. 코먼 크롤에는 뉴스 기사나 블로그 포스트 등 저작권 보호 대상이 포함되어 있고, 라이언은 플리커(Flickr), 핀터레스트(Pinterest), 게티(Getty) 등 외부 출처에서 가져온 이미지들을 포함한다. 따라서 학습 목적의 이용이라 하더라도 데이터셋 자체가 저작권 침해의 소지를 안고 있다면 이를 오픈소스화하는 것은 매우 조심스러운 일이다.

둘째는 프라이버시 문제다. 웹에는 개인 블로그 게시물, 이메일 주소, 얼굴이 포함된 사진 등 민감한 정보가 다수 포함되어 있다. 특히 일반 데이터 보호 규정(General Data Protection Regulation, GDPR)이나 개인정보 보호법에 따라 공개된 정보라고 해서 무제한 수집·활용 가능한 것은 아니다. 코먼 크롤이나 라이언은 자동화 수집에 대한 동의나 비식별화 조치에 대한 기준을 따로 두지 않고 있으며, 이는 법적 회색지대로 남아 있다. 따라서 이러한 대규모 데이터셋은 AI 생태계의 핵심 자산이면서 동시에 법적 취약 지점이기도 하다. 학습용 데이터의 오픈 여부를 결정할 때는 단순한 접근 가능성보다 법적 정당성과 윤리적 정합성에 대한 기준이 마련되어야 하며, 데이터셋 구성의 투명성과 책임 구조에 대한 재정비가 반드시 필요하다.

데이터 저작권, 개인정보, 이용약관 위반 이슈

AI 학습 데이터가 오픈소스일 수 있는지에 대한 질문은 결국 법적 제약이 어디까지 적용되는지를 묻는 문제다.

특히 데이터는 저작권, 개인정보 보호, 이용약관 등 다양한 규제의 교차점에 놓여 있으며, 이로 인해 오픈소스 라이선스를 단순히 적용하기 어렵다. 각 규제 요소가 데이터의 활용과 유통을 제약하는 방식도 서로 다르다.

우선 저작권은 창작성이 있는 콘텐츠(문학 작품, 블로그 글, 사진 등)에 적용된다. AI는 수십억 개의 문장을 학습하기 때문에, 이 중 다수가 저작권 보호 대상일 가능성이 높다. 예를 들어 뉴스 기사나 책 본문을 허락 없이 수집했다면, 이는 원저작자의 복제권·전송권을 침해할 수 있다. 단순히 비영리적이거나 자동 수집이었다는 이유만으로 이를 정당화하기는 어렵다.

개인정보 보호 이슈도 매우 심각하다. AI가 사람의 이름, 주소, 전화번호, 심지어 민감한 발언까지 학습할 수 있는 구조라면, 이는 자동화된 개인정보 처리로 간주된다. 우리나라의 개인정보 보호법, 유럽의 GDPR은 공개된 정보도 목적 외 사용되거나 동의 없이 수집될 경우 위법으로 본다. 따라서 웹에서 수집한 정보라도 학습용으로 사용할 경우 법적 검토가 반드시 필요하다.

이용약관 위반 문제도 점점 더 부각되고 있다. 많은 웹사이트는 크롤링을 명시적으로 금지하고 있으며, 이용약관에서 비자동화된 개인적 이용만 허용하는 경우가 많다. 오픈AI나 구글이 웹 데이터를 수집해 AI 학습에 사용했을 때, 이는 해당 사이트에 대한 이용약관 위반일 수 있으며 실제로 이를 근거로 소송이 제기된 사례도 있다. 즉 법적으로는 허용되어도 계약 위반이 될 수 있다는 점에서 민 · 형사상 위험이 존재한다.

결국 AI 학습 데이터를 오픈소스로 제공하는 것은 저작권 · 개인정보 · 계약법에 대한 복합적 검토를 요구하는 고난도 법적 과제다. 단순히 접근 가능한 데이터라고 해서 자유롭게 공유하거나 가공하는 것이 정당화될 수는 없으며, 오픈소스의 정의조차 새롭게 해석해야 할 필요성이 제기되고 있다.

데이터셋 라이선스의 법적 효력

오픈 데이터셋의 사용과 재사용을 규율하기 위해 다양한 형태의 데이터 라이선스가 제안되고 있다. 그중 대표적인 것이 오픈 데이터 코먼스 라이선스, 크리에이티브 코먼스 라이선스 그리고 생성형 AI용으로 개발된 RAIL이다. 이들은 저작권 보호가 가능한 데이터셋에 일정한 사용 조건을 부여해, 오픈소스처럼 누구나 활용할 수 있도록 하는 법적 장치를 제공한다.

오픈 데이터 코먼스 라이선스는 데이터베이스 구조와

콘텐츠에 별도 권리를 설정할 수 있도록 구성되어 있다. 이는 유럽 데이터베이스권(sui generis right)을 전제로 하기 때문에, 미국이나 우리나라에서는 다소 적용 범위가 불분명하다. 크리에이티브 코먼스 라이선스는 저작자 표시만 하면 상업적 · 비상업적 목적 모두 허용하는 유연한 라이선스이지만, AI 학습에 사용될 경우 출처 표시가 실질적으로 불가능한 상황이 많아 법적 위반 소지가 발생할 수 있다.

RAIL은 생성형 AI의 특수성을 고려해 특정 용도를 제한하거나 비윤리적 사용을 금지하는 조항을 포함한다. 예컨대 인종차별, 혐오 표현, 의료 · 군사 목적 이용을 금지하거나, 사용자에게 위험 경고 의무를 부과하는 식이다. 그러나 이러한 조항이 실질적인 법적 구속력을 가질 수 있는지에 대해서는 논란이 많다. 특히 이러한 도덕적 조건이 계약적 구속력을 갖기 위해서는, 사용자로부터 명시적 수락을 확보해야 한다는 문제가 있다.

한편 국내 저작권법은 데이터셋 자체의 보호 여부를 명확히 다루고 있지 않다. 데이터 자체는 사실의 나열로 간주되어 보호되지 않지만, 소재의 선택 · 배열 · 구조화에 창작성 있는 기여가 있다면 저작물로 인정될 수 있다. 따라서 우리나라에서 데이터셋에 라이선스를 부여하려면 그 데이터가 저작권의 보호 대상이 되는지를 우선 확인해야 하며, 기술적 · 법적 검토가 필수적이다.

종합하면, AI 학습을 위한 데이터셋은 기존 소프트웨어 라이선스만으로 규율하기 어렵고, 데이터 고유의 특성과 법제에 맞는 별도의 라이선스 구조를 요한다. 또한 라이선스의 실효성을 확보하기 위해서는 계약법적 구조를 강화하거나 플랫폼 수준의 인증과 추적 시스템이 함께 설계되어야 한다. 데이터의 자유로운 사용을 보장하면서도 권리자 보호와 윤리 기준을 지키는 정교한 조화가 요청된다.

웹 크롤링과 TDM 예외: 국가별 법제 비교

AI 학습을 위한 데이터 수집의 대표적 방식은 웹 크롤링(web crawling)이다. 이는 자동화된 프로그램이 웹페이지의 텍스트, 이미지 등을 수집해 저장하는 행위로, 코먼크롤, 라이언, 구글봇(GoogleBot) 등도 이 방식을 사용한다. 하지만 웹 크롤링이 언제나 합법적인 것은 아니다. 각국의 저작권법은 크롤링된 콘텐츠의 이용 가능 범위를 달리 설정하고 있으며, 특히 텍스트 · 데이터 마이닝(Text and Data Mining, TDM)에 관한 예외 규정은 국가마다 크게 다르다.

유럽연합은 2019년 디지털 단일시장 저작권지침(CDSM Directive)을 통해 TDM 예외를 법제화했다. 제3조는 연구기관 및 비영리기관에 한해 합법적으로 접근 가능한 저작물에 대해 TDM을 허용하고, 제4조는 모든 사용자에게 허용하되, 권리자가 명시적으로 거부(opt-out)할 수 있도록 규정했다. 이는 명확한 절차를 통해 법적 안정성을 제공하되, 권리자의 선택권도 보장하는 방식이다.

반면 미국은 명문 규정이 없지만 공정이용(fair use) 원칙에 따라 TDM을 허용하는 입장이다. 구글북스(Google Books) 사건(Authors Guild v. Google)에서 미국 법원은 대규모 스캔과 검색 인덱싱이 공정 이용에 해당한다고 보았고, 이는 TDM을 통한 AI 학습에도 유사한 논리를 적용할 수 있는 근거가 된다. 그러나 이는 사례(case)별 접근이며, 법적 확실성이 낮다.

우리나라는 저작권법에 TDM 관련 규정을 두고 있지 않아 국회에서 AI 개발을 위한 저작물 이용 허용 규정(일명 TDM 규정)을 신설하려는 움직임이 있었다. 아직까지 법제화는 미완성이며, 현행법상 크롤링을 통한 수집은 계약 위반(이용약관) 또는 저작권 침해로 해석될 여지가 있다. 물론 여기어때 사건에서는 크롤링 자체가 저작권법을 위반한 것은 아니라고 판시했다. 그러나 경우에 따라 다를 수 있으므로 AI 기업이나 연구기관은 위법 리스크를 부담한다.

결국 TDM의 합법성은 AI 데이터 수집의 기본 인프라를 결정짓는 요소다. 국가별로 입법 전략이 다르고 법적 해석의 일관성이 확보되지 않은 상황에서, 국제 협약 또는 최소한의 정책 정합성을 위한 가이드라인 마련이 시급하다. 오픈소스 정신은 국경을 넘지만, 법은 여전히 관할권의 벽에 머물러 있기 때문이다.

데이터의 공공재화와 윤리적 사용 기준

AI 개발에 사용되는 데이터는 사회 전체에 영향을 미치는 알고리즘의 기초가 되기 때문에, 일정 범위에서는 공공재로 간주될 수 있다는 주장이 제기되고 있다. 특히 정부가 보유한 행정데이터, 공공 교육 콘텐츠, 과학 데이터 등은 AI 학습에 활용될 경우 공익적 가치가 크다. 이에 따라 데이터의 공공재화(public datafication)를 통해 오픈소스 AI 생태계를 뒷받침해야 한다는 목소리가 커지고 있다. 참고로 데이터의 공공재화는 사회적 행동, 인간의 상호작용, 심지어 환경과 같은 다양한 측면을 데이터로 변환하는 과정을 말한다. 이 과정은 단순히 숫자로 나타내는 것을 넘어, 데이터를 분석해 인사이트를 얻고 예측을 수행하는 데 활용하는 것을 포함한다.

공공 데이터는 이미 다수 국가에서 개방 정책을 통해 이용되고 있다. 우리나라의 공공데이터법, 미국의 열린 정부 데이터법(Open Government Data Act), 유럽연합의 공공 부문 정보 지침(Public Sector Information Directive, PSI Directive) 등이 대표적이다. 그러나 AI 학습에 활용되는 방식까지 고려한 설계는 아직 부족하다. 특히 개인정보, 민감정보, 비정형 데이터(민원 내용, 상담 기록 등)는 학습 활용에 앞서 정교한 윤리 기준이 마련되어야 한다.

또한 데이터의 공공재화는 단순한 무료 제공이 아니다. 공정성, 대표성, 다양성, 검증 가능성 등을 포함한 윤리적 설계가 함께 이루어져야 한다. 예컨대 특정 지역이나 계층의 데이터만 포함되면 편향된 모델이 양산될 수 있으며, 이는 오히려 사회적 불평등을 재생산하는 결과를 초래한다. 따라서 공공 데이터셋을 AI 학습에 사용할 때는 기술 윤리와 사회적 책임이 동반되어야 한다.

법적 측면에서는 공공 데이터의 제공 및 재사용 조건, 개인정보 보호 원칙, 저작권 및 2차적 활용 제한 등의 규정을 정비해야 한다. 특히 공공기관이 제공하는 데이터라도 비식별화 기준이 불명확하거나, 제삼자 제공에 대한 동의 없이 활용되면 법적 분쟁이 발생할 수 있다. 따라서 공공 데이터셋의 구축과 공개에는 법률가와 기술 전문가의 협업이 필수적이다.

결론적으로 데이터의 공공재화는 오픈소스 AI의 지속 가능성을 위한 전략적 선택이며, 이를 위해서는 단순한 기술 인프라 구축을 넘어 법적 정당성과 윤리적 기준이 함께 수립되어야 한다. 우리는 데이터는 모두의 것이라는 이상에 기초하되, 그것이 어떤 방식으로 사회에 기여할 수 있을지 구체화하는 규범적 도구를 함께 설계해야 한다. 무엇보다 공공데이터는 지속 가능한 모두의 AI를 위해 반드시 실천되어야 할 정책적 과제다.

05

AI 오픈소스와 저작권법의 미래

AI 오픈소스 생태계의 지속 가능성을 확보하려면 공정 이용을 권리자와 이용자 간의 충돌 조정 도구로 활용하는 대신 사회 전체의 창작과 정보 생태계 설계 원칙으로 확장해 이해해야 한다. 이로써 AI 기술이 창작과 표현의 자유를 촉진할 수 있도록 법적 여지를 넓히는 것은 AI 시대의 저작권법이 추구해야 할 핵심 가치 중 하나다.

AI 콘텐츠 크리에이터?

AI 학습과 저작권 침해 판단의 기준

AI 모델은 대규모 데이터셋을 학습하는 과정을 통해 언어적 · 이미지적 패턴을 내면화한다. 문제는 이 학습 대상에 저작권 보호 대상이 포함되어 학습 자체가 저작권 침해에 해당하는지를 둘러싼 논쟁이 발생한다는 점이다. AI가 저작물을 복제하거나 인용하지 않더라도, 이를 기계적으로 분석하고 수치화하는 것이 침해인가 아닌가를 두고 전 세계적으로 해석이 갈리고 있다.

일부 국가는 TDM을 허용하는 저작권 예외 조항을 통해 AI 학습을 정당화한다. 특히 유럽연합은 비영리적 연구기관을 대상으로 학습의 자유를 인정하며, 상업적 사용에 대해서는 거부(opt-out) 방식으로 저작권자가 학습을 제한할 수 있도록 설계했다. 반면 미국은 TDM 관련 조항은 없지만, 공정 이용 원칙에 따라 AI 학습이 허용될 수 있다고 본다. 구글북스 판결이 주요 사례다.

우리나라는 아직까지 AI 학습에 대한 명확한 입법이 이루어지지 않았으며, 따라서 기존 저작권법 해석에 의존할 수밖에 없다. 법원은 원칙적으로 디지털 복제를 저작권 침해로 보지만, 통계적 처리와 같은 비표현적 이용에 대해서는 별도의 판단 기준이 필요하다. 그러나 이 기준이 입법이나 판례로 구체화되지 않은 만큼, AI 기업들은 상당한 법적 불확실성하에 운영되고 있다.

저작권법적 맥락에서는 학습 행위가 단순한 분석인지, 아니면 저작물의 표현을 이전 가능하도록 내면화한 복제인지가 핵심 쟁점이다. 만약 학습 결과가 특정 저작물의 표현과 유사하거나 원본을 쉽게 유추할 수 있는 정도라면 이는 침해로 해석될 수 있다. 하지만 현재 대부분의 AI 학습은 수천만 개의 자료의 특징을 통계화하는 방식이므로, 통상적인 침해 개념에 부합하지 않는다는 반론도 강하다.

결국 AI 학습의 합법성 판단은 기존 저작권 체계의 한계를 드러낸다. 우리는 단순 복제와 통계적 학습 사이에 위치한 새로운 기술적 행위를 법적으로 어떻게 정의할 것인지에 대한 철학적 · 입법적 논의에 직면했다. 바로 그 경계에서 오픈소스와 저작권이 어떤 방식으로 재조정될 수 있는지 살펴보자.

AI 생성물의 저작권 귀속 문제

AI가 만든 창작물, 예를 들어 문장, 이미지, 음악, 코드 등은 저작권 보호 대상이 될 수 있을까? 이 문제는 오픈소스 모델로 생성된 콘텐츠에도 동일하게 적용되며, 이때 기계의 창작이라는 새로운 현실에 기존 저작권 체계가 어떻게 대응할 것인지가 쟁점이 된다. 특히 인간의 창작성이 개입되지 않은 콘텐츠에 저작권을 인정할 수 있을지는 국제적으로도 의견이 분분하다.

현행 저작권법은 일반적으로 인간의 창작 행위를 보호 대상으로 삼는다. 따라서 AI가 자율적으로 생성한 콘텐츠는 보호 대상이 아니라는 입장이 유력하다. 실제로 미국 저작권청(U.S. Copyright Office, USCO)은 생성형 AI가 단독으로 생성한 이미지의 저작권 등록을 거절했고, 영국·유럽연합 역시 유사한 입장을 취하고 있다. 우리나라도 명문 규정은 없지만, 대체로 인간 주체가 명확하지 않은 경우 보호를 부정하는 해석이 다수다.

그렇다면 오픈소스 모델을 사용해 생성된 콘텐츠는 어떻게 볼 것인가? 예컨대 스테이블 디퓨전이나 지피티 기반 모델로 자동 생성된 텍스트가 있을 때, 이를 누가 소유하는가? 일반적으로는 최초 입력자 또는 사용자의 창작적 개입이 있는지를 기준으로 판단하지만, 창작성이 매우 낮거나 단순한 요청(prompt)만으로 만들어진 결과물은 보호 대상이 되지 않을 가능성이 크다. 단, AI를 도구적으로 이용한 경우라면 이용자의 창작적 기여를 인정할 여지도 충분하다. 따라서 이용자가 AI를 도구적으로 이용해 창작적 기여를 통해 생성한 것이라면 저작물성이 있다고 볼 여지가 충분하다.

또한 오픈소스 모델은 누구나 접근 가능한 구조이기 때문에 동일한 입력으로 유사한 결과가 나올 수 있다. 이 경우 동일한 결과물에 대해 복수의 이용자가 저작권을 주장하는 아이러니한 상황도 발생할 수 있다. 이러한 법적 충돌을 방지하기 위해서는 AI 생성물의 저작권 등록 제한, 결과물의 퍼블릭 도메인화 등 법제도적 장치가 필요하다.

궁극적으로 AI가 생성한 결과물에 대한 저작권 귀속 문제는 기술 진보와 법적 주체성의 정의 사이에서 벌어지는 충돌이다. 오픈소스 모델을 활용할수록 이 문제가 대중화하므로, 누가 무엇을 만들었는가에 대한 기준을 새롭게 설계해야 한다. 이는 저작권 보호 범위를 확장할 것인지, 아니면 창작 개념을 다시 설정할 것인지를 묻는 본질적 질문이기도 하다.

오픈소스 코드 활용과 저작권 분쟁 사례

AI 개발 과정에서 오픈소스 코드의 재사용은 보편적 현상이다. 많은 개발자들이 깃허브 등에 공개된 코드 스니펫(snippet), 라이브러리, 학습 예제를 활용해 자신의 모델을 구현하거나 기능을 확장한다. 하지만 이러한 재사용이 언제나 법적으로 정당한 것은 아니다. 특히 라이선스를 무시하거나, 출처 표시를 누락하거나, 상업적으로 이용했을 경우 분쟁이 발생할 수 있다.

대표적인 분쟁 사례로는 깃허브 코파일럿에 대한 집단 소송이 있다. 이 도구는 오픈소스 코드를 학습해 사용자에게 자동으로 코드 제안을 하는 기능을 제공한다. 문제는 코파일럿이 제안하는 코드 중 일부가 원본 오픈소스와 거의 동일하거나, 원라이선스를 그대로 복제한 경우가 발견되었다는 점이다. 이는 GPL 등 오픈소스의 조건을 위반했을 가능성이 있으며, 코드 생성 자체가 저작권 침해가 될 수 있다는 주장이 제기되었다.

AI 모델이 오픈소스 코드를 학습했다면, 그것이 생성하는 결과물도 법적 규제를 받아야 할까? 이 질문은 코드의 기능과 표현을 구분할 수 있는가라는 더욱 복잡한 저작권 원칙에 연결된다. 일반적으로 아이디어나 기능은 보호 대상이 아니지만, 구체적 표현은 보호된다. 따라서 AI가 반복적으로 동일한 표현을 복제하는 경우, 오픈소스 조건 위반 또는 무단 복제로 해석될 여지가 있다.

법적으로 중요한 쟁점은 "모델이 제안한 결과가 과연 원코드의 2차적 저작물(또는 파생저작물)인가"다. 만약 학습된 AI가 GPL 코드를 기반으로 동작한다면 그 출력 결과에도 동일한 라이선스를 적용해야 한다는 주장도 있다. 이는 코드의 활용과 생성의 경계가 모호해진 AI 시대에 새롭게 등장한 법적 난제다.

이러한 분쟁을 예방하기 위해서는 AI 개발 과정에서 사용한 오픈소스 코드의 출처, 라이선스 조건, 기여자 목록 등을 철저히 기록하고, SPDX, FOSSA 등 자동화된 라이선스 검사 도구를 활용해야 한다. 아울러 플랫폼 차원의 라이선스 관리와 투명한 저작권 정보 제공 체계가 필요하며, 향후 법원이 이와 관련한 기준을 명확히 설정해 줄 필요도 있다. 참고로 시스템 패키지 데이터 교환(System Package Data Exchange, SPDX)은 각 소프트웨어 컴포넌트가 사용하는 라이선스 정보를 표준화해 제공한다. 또한 무료 오픈소스 소프트웨어 감사(Free and Open Source Software Audit, FOSSA)는 오픈소스 도구에 대한 보안 대응책으로 마련되었다.

미국·유럽연합·우리나라의 저작권법상 TDM 규정 비교

TDM은 AI 학습의 핵심 과정 중 하나다. 그런데 각국의 저작권법은 TDM을 합법적으로 허용하는 범위와 방식에서 상당한 차이를 보인다. AI 학습을 둘러싼 국제 경쟁이 심화하면서 TDM 규정을 어떻게 설계하는지가 각국의 법제 경쟁력에 직접적 영향을 미치고 있다.

유럽연합은 2019년 디지털 단일시장 저작권지침(CDSM Directive)을 통해 가장 체계적인 TDM 예외를 도입했다. 제3조는 공공 연구기관에 한해 TDM을 전면 허용하고, 제4조는 모든 사용자에게 일반적 허용을 인정하되, 저작권자가 명시적 거부를 통해 예외를 선언할 수 있도록 규정했다. 이 조항은 법적 예측 가능성과 산업적 유연성 사이의 균형을 고려한 사례로 평가받는다.

미국은 별도의 TDM 예외 규정이 없지만, 공정이용이라는 판례 기반 원칙을 통해 유사한 효과를 실현하고 있다. 구글북스 사건에서 법원은 저작물의 비표현적 분석이 공정 이용에 해당한다고 판시했고, 이후 AI 학습이나 검색 인덱싱에서도 유사한 논리가 적용되고 있다. 그러나 이는 사후적 해석에 의존하는 만큼 법적 불확실성이 크다는 한계가 있다.

우리나라는 현재 TDM 관련 명시 규정이 부재하며, 일부 정책 문서나 연구자들 사이에서 필요성이 제기되고 있을 뿐이다. 이에 따라 AI 학습에 활용된 저작물이 원저작권자의 허락 없이 수집·이용되었을 경우 침해로 간주될 가능성이 있다. 단, 공정 이용에 해당할 가능성도 낮지 않다. 최근에는 AI 저작물의 저작권법상 포섭 방안을 검토하는 논의가 활발히 진행되고 있으나, 실질적인 법제 정비는 이루어지지 않았다.

AI 시대에 적합한 TDM 법제는 저작권 보호와 기술 혁신이라는 두 가치를 조화롭게 결합해야 한다. 우리나라 역시 유럽연합의 명시적 예외 모델이나 미국의 공정 이용 판례를 참고해 독자적인 TDM 예외 조항을 도입하고, 일정 요건하에 학습의 자유를 보장하는 방향으로 입법을 추진할 필요가 있다. 이는 AI 오픈소스 생태계 발전을 위한 법적 기반이자, 국제 규범 경쟁의 전제 조건이 될 것이다.

오픈소스 생태계와 공정 이용의 재해석

공정 이용은 저작권법의 엄격한 보호를 완화하고, 사회 전체의 표현 자유와 정보 접근권을 보장하기 위한 조항이다. 특히 AI 기술이 발달하면서 데이터 학습, 콘텐츠 재생산, 자동 번역 등 기존 저작권 보호의 경계를 넘나드는 다양한 이용 행위가 증가했고, 이에 따라 공정 이용 개념의 재해석이 요구되고 있다.

오픈소스 생태계에서는 공정 이용이 두 가지 방식으로 작동한다. 하나는 저작권 보호를 받는 콘텐츠를 공익적 목적에 한해 이용하는 경우고, 다른 하나는 라이선스 위반 소지가 있는 행위에 대해 공정하다고 판단될 수 있는 여지를 확보하는 것이다. AI 학습은 이 두 측면 모두에서 공정 이용 논의의 중심에 서 있다.

문제는 공정 이용의 판단 기준이 불명확하다는 점이다. 미국 저작권법 제107조는 목적과 성격, 저작물의 성질, 사용된 양과 중요성, 시장에 미치는 영향이라는 네 가지 요소를 기준으로 삼지만, AI의 경우 이 요소들이 어떻게 적용될 수 있는지는 해석이 일관되지 않다. 특히 AI가 텍스트나 이미지를 수백만 건 학습하는 경우, 사용된 양이나 시장 침해 요소를 어떻게 평가할 것인지가 쟁점이다. 우리나라 저작권법 제35조의5도 미국의 공정 이용 규정을 차용한 것이기 때문에 동일한 법리가 적용될 것이다.

법학적으로는 공정 이용을 오픈소스 정신과 결합해 공공 기술의 촉진이라는 측면에서 재해석할 필요가 있다. AI 학습이 사회 전반에 걸쳐 유용한 기술적 기반이 될 경우, 일정한 요건을 갖춘 사용에 대해서는 예외를 허용하거나 공익성을 인정하는 방향으로 공정 이용 해석을 유도할 수 있다. 이는 미국의 판례 동향과도 일부 맥락을 공유한다.

궁극적으로 AI 오픈소스 생태계의 지속 가능성을 확보하려면 공정 이용을 권리자와 이용자 간의 충돌 조정 도구로 활용하는 대신 사회 전체의 창작과 정보 생태계 설계 원칙으로 확장해 이해해야 한다. 이로써 AI 기술이 창작과 표현의 자유를 촉진할 수 있도록 법적 여지를 넓히는 것은 AI 시대의 저작권법이 추구해야 할 핵심 가치 중 하나다.

06
AI 오픈소스의 공공성과 민주성

오픈소스 정책은 기술 혁신뿐 아니라 사회적 신뢰와 공정성을 설계하는 국가 전략이다. AI 기술이 공공성과 민주성을 갖춘 기반으로 발전하기 위해서는 오픈소스를 중심에 두고 법제도와 정책 설계를 재구성할 필요가 있다. 정부는 오픈소스를 단순한 개발 방식이 아니라 미래 기술사회에 대한 정치적 선택으로 인식해야 한다.

AI와 민주주의?

공공 AI 프로젝트와 오픈소스의 결합 가능성

AI 기술이 공공 영역에서도 점점 더 많이 활용되고 있다. 행정, 보건, 교육, 복지 등의 분야에서 AI 기반 시스템이 정책 집행과 서비스 제공에 쓰이는 사례가 늘고 있다. 이때 공공기관이 사용하는 AI 기술이 폐쇄적·독점적 소프트웨어에 의존한다면 정부의 판단 과정과 알고리즘 작동 방식에 대한 투명성과 책임성이 저하될 수 있다. 따라서 AI가 공공성을 확보하려면 오픈소스 기반 기술 도입이 적극 검토되어야 한다.

오픈소스는 단순히 비용 절감의 수단이 아니다. 공개된 코드를 통해 알고리즘의 판단 기준, 훈련 데이터, 편향 여부 등을 시민이나 전문가가 검토할 수 있게 되며, 이는 설명 가능한 행정과 참여 가능한 기술 거버넌스를 가능하게 한다. 공공 부문에서의 오픈소스 활용은 정부 운영의 투명성과 기술의 민주성이라는 두 목표를 동시에 실현할 수 있는 유력한 경로다.

해외에서는 이미 다수의 공공 AI 프로젝트가 오픈소스 기반으로 추진되고 있다. 예컨대 프랑스의 블룸(BLOOM) 모델은 국립 AI 연구기관이 주도해 전체 코드와 가중치를 공개했다. 블룸은 산업 규모의 컴퓨팅 리소스를 사용해 방대한 양의 텍스트 데이터에서 프롬프트를 구성하고, 이로써 텍스트 생성을 계속하도록 훈련된 자동 회귀 대규모 언어 모델이다. 또한 핀란드는 오로라AI 프로그램을 통해 AI 학습용 공공 데이터셋을 오픈 포맷으로 공유하고 있다. 이러한 정책은 국민 누구나 AI 기술을 활용할 수 있는 공공 지식 인프라의 성격을 띤다.

법적으로는 공공기관이 기술을 조달하거나 개발할 때 오픈소스를 우선 고려하도록 하는 제도적 장치가 필요하다. 특히 민간 기업과의 계약 시 모델의 소유권 및 개방 조건을 명확히 규정하지 않으면 결과물은 사실상 민간의 사유물로 남게 된다. 따라서 공공 프로젝트의 기획 단계에서부터 오픈소스 도입 여부와 법적 요건을 함께 설계해야 한다.

공공 AI 프로젝트는 단순히 기술 도입의 문제가 아니라 기술이 민주주의와 공공성에 어떻게 기여할 수 있는가라는 더욱 근본적인 사회적 질문과 연결된다. 오픈소스를 공공 프로젝트의 표준으로 삼는 것은 투명한 기술 사회, 책임감 있는 공공성 구현 그리고 기술 접근의 평등성을 실현하기 위한 중요한 제도적 발판이 된다.

기술 포용과 디지털 격차 해소를 위한 개방 전략

디지털 전환은 사회의 효율성과 편의성을 높이지만, 동시에 정보 접근성과 기술 활용 능력의 차이에 따라 새로운 격차를 만들어 내기도 한다. 이를 디지털 격차(digital divide)라고 부른다. 디지털 격차는 특히 AI 기술이 상용화되면서 더욱 심화하고 있다. 고성능 모델을 독점한 기업은 더 많은 데이터를 확보하고 더 나은 서비스를 제공하지만, 그렇지 못한 지역과 계층은 AI의 혜택에서 소외된다. 좀 더 정확하게 말하자면 디지털 격차보다는 AI 격차가 확산할 것으로 예측된다.

오픈소스는 이러한 기술 불평등을 완화하는 중요한 수단이 될 수 있다. 누구나 접근할 수 있는 코드와 모델, 데이터셋이 존재할 경우 지역의 소규모 개발자, 비영리 단체, 교육기관도 AI 기술을 접하고 응용할 수 있다. 이는 단순한 기술 전달이 아니라, 창의력과 혁신 역량의 민주화를 의미한다. 특히 농촌, 저소득층, 장애인 등을 대상으로 한 맞춤형 AI 개발이 가능해진다.

디지털 포용(digital inclusion)을 실현하기 위해서는 단순한 기술 공개를 넘어서는 접근성 인프라가 필요하다. 예컨대 GPU 리소스를 공공적으로 제공하는 클라우드 플랫폼, 기술 교육 콘텐츠, 사용자 친화적인 API 문서화 등은 모두 포용적 AI 생태계를 위한 요소다. 오픈소스는 이처럼 개방과 접근을 동시에 설계할 수 있는 유연한 기술 전략이다.

법제도적으로는 AI를 포함한 기술에 대한 AI 접근권을 사회권으로 확대하는 논의가 필요하다. 접근권의 구체적인 형태인 정보기본권이나 AI 기본권은 단순히 읽고 쓰는 권리가 아니라 최신 기술을 배우고 사용할 수 있는 능력을 포함해야 하며, 이는 공공기관과 교육기관의 책임으로 이어져야 한다. 오픈소스 기반 AI는 이러한 권리를 실현할 수 있는 실제적 도구가 된다. 더 나아가 AI 기본권이 사회적 기본권으로 인정될 필요가 있으며, 모든 사람이 AI에 자유롭게 접근해 이용할 수 있도록 제도화하는 것이 필요하다. 모두의 AI 또는 국민 AI 비서라는 개념이 이를 대변할 것이다.

궁극적으로 기술 포용은 단순한 복지 개념이 아니라 민주주의와 경제 혁신의 기반이다. 오픈소스는 기술 발전이 불평등을 심화하는 것이 아니라 모두가 함께 참여하고 발전시킬 수 있는 자산이라는 점을 보여 준다. 포용적 기술 정책은 사회적 약자뿐 아니라 전체 사회의 회복력(resilience)을 높이는 핵심 요소가 된다.

시민사회와 기술 NGO의 참여 사례

AI 기술은 이제 기술자와 기업만의 전유물이 아니다. 시민사회와 비영리 단체, 오픈소스 커뮤니티, 학계가 함께 참여하고 견제해야 할 공적 기술로 자리매김하고 있다. 특히 시민단체와 기술 NGO들은 오픈소스를 활용해 감시, 교육, 대안 개발 등의 방식으로 민주주의와 인권을 보호하고자 노력하고 있다. 이는 AI 기술의 공공적 제어와 사회적 책임이라는 가치를 실현하는 중요한 흐름이다.

대표적 예로는 알고리듬워치(AlgorithmWatch), 데이터앤드소사이어티(Data & Society), 모질라재단(Mozilla Foundation) 같은 기관이 있다. 이들은 알고리즘의 투명성 감시, 편향 분석, 데이터 윤리 교육, 오픈AI 프로젝트 운영 등 다양한 활동을 통해 기술의 사회적 영향에 대한 공적 논의를 촉진하고 있다. 특히 이들은 오픈소스를 기반으로 도구를 개발하거나, 공개된 데이터셋을 분석함으로써 기업 중심 기술 담론에 균형을 제공한다.

법적 · 정책적 관점에서 보면, 이러한 시민단체의 활동은 감시받는 기술 체제를 만드는 데 필수적이다. 기술 플랫폼이 법의 외곽에서 독자적으로 판단을 내리는 상황에서, 시민사회의 개입은 민주주의적 통제를 구현하는 실질적 수단이 된다. 오픈소스는 이러한 참여를 가능하게 하는 기본 조건이며, 기술 민주주의의 실천 도구다.

한편 시민사회의 참여가 실효성을 갖기 위해서는 제도적 기반도 마련되어야 한다. 공공데이터 및 공공 AI 개발 시 시민단체의 의견 청취, 오픈소스 프로젝트에 대한 재정 지원, 기술 정책 과정에서의 시민 자문 구조 도입 등이 필요하다. 또한 이들의 기술 접근성과 역량 강화를 위한 교육, 네트워킹 인프라도 함께 설계되어야 한다.

결론적으로 오픈소스는 기술 공동체만의 문제가 아니라, 시민사회의 감시와 참여를 가능하게 하는 구조다. 우리는 AI 기술의 확산 속에서 비전문가가 배제되지 않도록 하는 포용적 기술 거버넌스를 고민해야 하며, 시민사회는 그 핵심 축이 되어야 한다. 민주주의는 기술을 통제하는 시민의 조직된 참여를 통해서만 가능해진다.

공공재로서 AI 모델의 조건과 정의

공공재란 누구나 이용할 수 있으며, 한 사람의 이용이 다른 사람의 이용을 방해하지 않는 자원을 말한다. 전통적으로는 공기, 도로, 치안, 기초 교육 등이 여기에 해당했지만, AI 모델 역시 일정 요건을 충족하면 공공재로 간주할 수 있다는 논의가 진행 중이다. 특히 오픈소스 AI 모델은 이 조건에 부합할 가능성이 높다.

AI 모델이 공공재로 인정되려면 누구나 자유롭게 접근할 수 있어야 하고, 그 이용이 독점적이지 않아야 하며, 사회 전체의 편익을 증진해야 한다. 이러한 기준에서 볼 때 모델의 오픈소스 여부는 핵심 지표가 된다. 스테이블 디퓨전, 블룸, 미스트랄 등 일부 공개 모델은 이 기준을 상당 부분 충족하고 있다.

하지만 단순히 공개되었다고 해서 공공재가 되는 것은 아니다. 법적 조건도 명확해야 한다. 모델의 저작권 귀속, 재사용 조건, 책임 주체, 변경 이력 등이 투명하게 관리되어야 하며, 국가나 공공기관이 이를 후원하거나 관리하는 제도적 틀이 마련되어야 한다. 이는 단순한 코드 공개를 넘어 공공성을 담보한 구조화가 필요함을 의미한다.

또한 공공재로서 AI 모델은 사회 전체의 위험을 줄이는 기능도 해야 한다. 이를 위해서는 투명성, 설명 가능성, 검증 가능성 등 기술적 안전장치가 마련되어야 하며, AI 모델이 윤리적으로 설계되고 운영되어야 한다. 공공재는 단순한 접근 가능성보다 공공 신뢰를 기반으로 해야 하며, 이는 법과 윤리의 결합을 통해 가능하다.

AI 모델을 공공재로 간주하는 것은 기술의 사유화를

견제하고 민주적 제어를 실현하기 위한 실질적 전략이다. 오픈소스는 그 출발점일 뿐이며 법제, 정책, 윤리, 시민 참여가 결합된 거버넌스 구조가 함께 마련되어야 비로소 AI 공공재 체계가 완성될 수 있다. 이는 기술사회에서 공공성을 재정의하는 데 중요한 과제가 될 것이다.

정부의 오픈소스 지원 정책과 규범화 과제

AI 오픈소스 생태계 활성화에서 정부의 정책적 역할은 결정적이다. 민간의 자율적 참여만으로는 대형 모델 개발, 학습 인프라 구축, 법제도 정비, 윤리 기준 수립 등 다양한 과제를 해결하기 어렵기 때문이다. 따라서 정부는 단순한 예산 지원을 넘어 오픈소스를 중심으로 한 AI 기술 전략을 체계적으로 수립해야 한다.

현재 일부 국가에서는 오픈소스 AI 개발에 공공 재정을 투입하고, 관련 인프라와 데이터셋을 공동 개발하는 정책을 추진하고 있다. 유럽연합은 공동 AI 연구소를 설립했고, 공공 데이터 허브 구축 및 오픈소스 기술 공유를 제도화하고 있으며, 프랑스 · 독일 등은 자국어 특화 모델을 오픈 형태로 개발 중이다. 우리나라도 이에 준하는 AI 오픈소스 전략이 필요하다.

법제도적으로는 공공 연구개발(R&D) 결과물의 오픈

소스화, 공공기관의 오픈소스 조달 우선, AI 기술 관련 공정 경쟁 환경 조성 등을 통해 오픈소스의 제도적 기반을 마련할 수 있다. 또한 기여자에 대한 보상 모델, 유지보수 책임 구조, 표준화된 오픈 라이선스 도입 등도 중요한 과제다. 이는 기술 인프라만큼이나 법적 인프라의 구축이 핵심이라는 의미다.

현행 소프트웨어 진흥법 제25조는 정부가 소프트웨어 기술경쟁력 강화를 위해 오픈소스 방식의 연구개발을 정책적으로 유도할 수 있는 법적 근거를 제공한다. 특히 국가연구개발사업에서의 원시코드 공개와 오픈소스 배포를 명시함으로써 공공 AI 시스템이 투명하고 개방된 기술 생태계 속에서 설계·운영될 수 있도록 지원한다. 이 조항은 공공 AI 개발에서 기여계약서(Contributor License Agreement, CLA), 오픈소스 저장소 등록, 재사용 중심 기술 정책 수립의 정당성을 확보하는 핵심 조문이다. 이러한 법적 근거에 따라, 정부는 공공 AI 프로젝트의 계약 조건을 통해 민간 수탁기관이 개발한 모델이 오픈소스로 공개되도록 유도할 수 있다. 이를 위해 공공 소프트웨어의 오픈소스 기본 지침과 같은 세부 기준을 마련하고, 기술적 투명성·윤리 기준을 계약 조건에 포함해야 한다. 이는 민관 협력을 바탕으로 오픈소스를 제도화하는 방식이다.

궁극적으로 오픈소스 정책은 기술 혁신뿐 아니라 사회적 신뢰와 공정성을 설계하는 국가 전략이다. AI 기술이 공공성과 민주성을 갖춘 기반으로 발전하기 위해서는 오픈소스를 중심에 두고 법제도와 정책 설계를 재구성할 필요가 있다. 정부는 오픈소스를 단순한 개발 방식이 아니라 미래 기술사회에 대한 정치적 선택으로 인식해야 한다.

07
오픈소스 모델의 책임은 누구에게 있는가

오픈소스의 면책조항은 법적으로 유효한 수단이지만, AI 모델이라는 새로운 기술 환경에서는 그 효력이 제한적일 수 있다. 기술의 위험성과 사회적 파급력을 감안할 때, 오픈소스 배포자는 면책 선언에만 의존하기보다 사용자 보호와 책임 분산을 위한 설계적 장치를 병행해야 할 필요가 있다. 이는 오픈소스의 자유와 신뢰가 공존하기 위한 새로운 규범적 합의의 출발점이다.

AI와 애니메이션?

오픈소스 모델 배포와 법적 책임 귀속 문제

AI 모델이 오픈소스로 공개되어 누구나 자유롭게 사용할 수 있는 상태가 되면, 그 모델로 인해 발생하는 법적 문제에 대한 책임은 누구에게 귀속되는가? 특히 생성형 AI는 사용자 요청에 따라 예기치 않은 결과물을 출력할 수 있기 때문에 명예훼손, 허위정보 생성, 저작권 침해, 혐오 발언 등 다양한 위험이 동반된다. 그렇다면 이러한 결과에 대해 개발자, 배포자, 사용자 중 누가 책임을 져야 하는가?

기존 소프트웨어의 경우 상업적 제품은 제조물책임(product liability)과 유사한 구조로 개발자나 유통자가 일정한 책임을 지게 된다. 하지만 오픈소스 모델은 대개 무보증(as-is) 조건하에 배포되며, 저작권 면책조항과 함께 모든 책임이 사용자에게 전가되는 구조다. 이는 오픈소스의 핵심 원칙이기도 하지만, AI와 같은 고위험 기술에 대해서도 이러한 책임 구조가 그대로 적용될 수 있는지는 의문이다. 참고로 무보증 조건이란 판매자가 물건에 대한 보증을 하지 않으며, 구매자는 현재 상태 그대로의 물건을 구매하는 것을 수락하는 조건을 의미한다.

AI 모델은 결과가 예측 불가능하며, 사용자 입력에 따라 위험도가 달라질 수 있다. 따라서 책임의 기준을 명확히 설정하지 않으면 악의적 사용자는 면책받고 선의의 사용자나 기여자가 법적 공격 대상이 될 수 있다. 특히 모델을 처음 개발한 주체와 파인튜닝하거나 재배포한 주체가 다른 경우, 책임 귀속 구조는 더욱 복잡해진다. 이는 법원이 단순 제작·배포 이력만으로 판단하기 어려운 문제다.

유럽연합은 이 점을 고려해 인공지능법에 고위험 AI 시스템에 대한 책임 구조를 도입했다. 그러나 오픈소스 모델에 대해서는 예외를 두고 있어, 오히려 공공적 목적의 모델 개발이 더 많은 법적 부담을 질 수 있는 아이러니한 구조가 형성되고 있다. 이는 오픈소스 생태계의 지속 가능성을 저해할 수 있다.

결론적으로 오픈소스 AI 모델의 책임 귀속은 기존 법제와 철학이 충돌하는 지점이다. 자유로운 사용과 개방의 원칙을 유지하면서도, 고위험 상황에 대한 최소한의 책임 구조를 마련하기 위한 사회적 논의가 필요하다. 우리는 지금 기술의 책임을 누구에게 어떤 방식으로 묻는 것이 공정한가라는 근본적 질문 앞에 서 있다.

악용 가능성과 책임 분산 구조

오픈소스 모델은 누구나 접근 가능하다는 장점이 있지

만, 바로 그 장점이 악용의 가능성을 높이기도 한다. 예컨대 이미지 생성 모델을 통해 허위 포르노 이미지가 생성되거나, 텍스트 생성 모델로 허위 뉴스나 피싱 이메일이 만들어질 수 있다. 이러한 피해가 발생했을 때, 모델 개발자나 배포자는 어떤 수준까지 책임을 져야 할까?

일반적으로 오픈소스 라이선스는 사용자의 행위를 통제하지 않으며, 책임을 묻지 않는다. 그러나 AI 모델은 예상 가능한 악용 방식이 존재하고, 그 위험을 알고도 통제하지 않았다면 일종의 과실책임이 성립할 수 있다는 주장이 있다. 특히 고위험 알고리즘은 최소한의 사용 제한 장치나 경고 메시지를 포함하지 않았다면 위험 방치로 평가받을 수 있다.

이러한 논의는 제조물책임과 유사한 프레임으로 접근될 수 있다. 자동차나 의약품처럼 AI도 사회에 광범위한 영향을 미치기 때문에 일정 수준 이상의 안전 설계 의무를 부담해야 한다는 것이다. 단, AI는 물리적 제품이 아니며 결과가 입력과 상황에 따라 달라진다는 점에서 기존 법리의 적용이 쉽지 않다.

문제는 책임을 너무 넓게 설정하면 개발자들이 오픈소스를 꺼리게 된다는 점이다. 따라서 일정한 경고 의무, 위험 인지 가능성, 비상업적 배포 여부 등을 종합적으로 고려해 책임 범위를 차등화할 필요가 있다. 예컨대 비상업적 연구 목적의 배포는 면책하고, 파인튜닝한 모델의 배포자는 일정한 책임을 지는 식의 다층적 책임 구조가 논의될 수 있다.

결국 오픈소스 모델의 책임 구조는 단일 주체에 모든 책임을 지우는 방식이 아니라 행위의 성격과 위험 인지 수준에 따라 분산하는 방향으로 설계되어야 한다. 이는 기술 발전과 사회적 안전을 동시에 지키기 위한 법적 균형점을 찾는 작업이며, 새로운 위험사회에서의 책임 철학 재정립이 필요함을 시사한다.

유럽연합 인공지능법의 오픈소스 책임 예외 조항 해석

2024년 유럽연합은 인공지능법을 채택하면서 특정 조건하에 오픈소스 AI 개발자를 규제 대상에서 제외하는 조항을 포함시켰다. 이 조항은 오픈소스 생태계의 자유로운 기술 개발을 보호하려는 의도로 도입되었지만, 실제로 어떤 개발자에게 예외가 적용되고, 어떤 경우에는 책임을 져야 하는지에 대한 해석은 여전히 불분명하다.

유럽연합 인공지능법 제53조는 비영리 목적의 오픈소스 모델 개발자에게는 일반적인 제공자의 의무를 면제하고 있다. 그러나 이 면제는 사회적 위험이 경미하거나 예측 불가능한 경우에 한정되며, 오픈소스 모델이 이후 제삼자에 의해 파인튜닝을 거쳐 상업적으로 배포될 경우 원개발자의 책임이 면제되는지는 여전히 법적 쟁점이다. 특히 위험 발생 가능성이 있었거나, 원개발자가 이를 방지하기 위한 기술적 조치를 취하지 않았다면 일정 부분 책임이 공동 귀속될 가능성도 배제할 수 없다.

이 조항은 기술적으로는 자유를 보장하지만, 책임의 경계를 흐릴 수 있다는 비판도 제기된다. 예를 들어 소셜 미디어에서 혐오 발언을 생성하는 데 사용된 AI 모델이 오픈소스였다는 이유만으로 법적 책임을 회피할 수 있다면, 피해자 보호와 기술의 책임성 측면에서 제도적 공백이 발생할 수 있다. 규제 예외가 곧 면책은 아니라는 점을 분명히 할 필요가 있다.

법학적으로는 규제 예외와 책임 면제가 구분되어야 한다. 즉 오픈소스 개발자가 기술적 규제를 받지 않더라도 타인에게 실질적 피해를 끼쳤다면 민사책임이나 국가책임은 여전히 적용될 수 있다. 유럽연합 인공지능법은 이 점에서 구조상 보완이 필요하며, 향후 시행령이나 가이드라인에서 구체적 적용 범위를 명확히 해야 한다.

이 조항은 오픈소스 개발자에게 기회의 문을 여는 동

시에 새로운 법적 책임 구도를 요청한다. 기술 자유와 책임은 동전의 양면이며, 특히 공공성을 강조하는 오픈소스 진영이 기술로 인해 발생한 사회적 결과에 대해 일정 수준의 책임의식을 갖는 것은 오히려 생태계의 신뢰성과 지속 가능성을 높이는 길이 될 수 있다.

허위정보·유해 콘텐츠 생성과 모델 배포자의 의무

오픈소스 생성형 AI 모델이 텍스트나 이미지를 생성하면서, 그 결과물이 허위정보, 차별적 표현, 혐오 발언, 음란물 등의 형태로 사회적 해악을 낳는 경우가 있다. 이러한 상황에서 "모델을 배포한 자가 그 결과에 대해 어느 정도의 책임을 져야 하는가"는 AI 법제도 전반에서 핵심적인 논점이다. 특히 오픈소스 특성상 사용자 제한이 어렵기 때문에 사전적 통제가 불가능하다는 주장이 존재한다.

그러나 법적으로 보면, 고위험 행위를 유발할 수 있는 알고리즘을 배포하면서 아무런 통제 장치를 마련하지 않았다면 과실에 의한 간접책임이 성립할 수 있다. 예컨대 미성년자도 쉽게 접근할 수 있는 모델이 음란물 생성 기능을 포함하고 있고, 이에 대한 경고나 사용 제한 기능이 없다면, 최소한의 예방 의무를 다하지 않았다는 평가를 받을 수 있다.

더 나아가 특정 유형의 콘텐츠 생성을 가능케 하는 프롬프트에 대한 필터링 기능 없이 그대로 배포된 모델은 악용 위험을 구조적으로 내포한다고 간주될 수 있다. 유럽연합 인공지능법 초안에도 허위정보 방지 조치가 핵심 규제 항목으로 포함되었으며, 플랫폼 사업자의 통제 의무 논의와 맞물려 규범화되고 있다.

오픈소스 배포자는 종종 비상업적 목적 또는 비영리 커뮤니티 기여를 명분으로 면책을 주장하지만, 법적으로는 배포 방식과 피해 발생 간의 인과관계가 중시된다. 따라서 일정 수준 이상의 모델은 비상업적 배포라 해도 기능 제한, 경고 문구, 책임 안내문 등을 포함해야 법적 방어가 용이할 수 있다.

결국 유해 콘텐츠의 생성 가능성은 예견 가능한 위험이라는 점에서 오픈소스 개발자나 배포자에게도 윤리적 책임과 법적 주의 의무가 일정 부분 요구된다. 법제도는 이러한 균형을 조율하며, 기술의 자유와 사회적 보호 간의 조화를 도모하는 역할을 수행해야 한다. AI 기술의 신뢰는 기능뿐 아니라 이를 다루는 인간의 책임 윤리로부터 비롯된다.

책임 없는 기술 공개의 역설

오픈소스의 자유는 누구에게 위험이 되는가? 책임 없이 공개되는 기술이 가져오는 역설적 물음이다. AI 모델의 오픈소스화는 기술 혁신과 공유라는 이상을 표방하지만, 동시에 통제되지 않은 위험을 전사회적으로 확산하는 구조를 내포한다. 특히 생성형 AI와 대규모 언어 모델은 그 자체로 언어, 이미지, 코드 등 다양한 형태의 콘텐츠를 자동 생성하는 능력을 갖기 때문에 단순한 기술 도구를 넘어 영향력 있는 행위자(agent)처럼 작동한다. 이런 시스템이 누구나 접근 가능한 형태로 공개될 경우 위험은 비례해 분산되는 것이 아니라 기하급수적으로 복제 · 변형 · 확산된다.

오픈소스 AI의 가장 큰 문제는 그 위험성이 공개 시점에 명확히 정의되지 않는다는 점이다. 많은 오픈소스 모델은 기술적 성능을 중심으로 평가되며, 생성물의 왜곡, 편향, 악용 가능성 등 사회적 위험 요소는 충분히 검토되지 않은 채 출시된다. 예컨대 라마, 스테이블 디퓨전, 지피티-네오 같은 모델들은 공개 직후부터 혐오 표현, 딥페이크(deepfake), 가짜 뉴스, 자동 해킹 코드 생산 등에 활용되었으며, 개발자조차 예측하지 못한 방식으로 확산되었다. 이는 단순한 윤리적 실패가 아니라 위험 설계

없이 위험을 배포한 구조적 문제다.

또한 오픈소스화는 기술적 변형과 파생 모델의 재배포를 거의 통제할 수 없게 만든다. 파생 모델이 제삼자에 의해 상용화되거나 무기화되더라도, 원저작자에게는 책임을 추적할 수단도, 법적 기반도 부족하다. 특히 인터넷 기반으로 빠르게 전파되는 AI 모델은 국경을 초월한 악용을 가능케 하며, 제도권 규범이 닿지 않는 영역으로 위험이 전이된다. 이러한 상황은 책임의 공백을 만들어 내고, 라이선스 위반 여부를 가려내는 것조차 현실적으로 불가능하게 만든다.

이러한 위험 확산 구조에도 불구하고, 현재의 오픈소스 생태계는 여전히 자유로운 공유를 최우선 원칙으로 삼는다. 하지만 AI는 기존의 오픈소스 소프트웨어와는 다른 차원의 위험성을 지니며, 이는 화학물질, 바이오 정보, 핵기술과 같은 통제 자산으로 다뤄져야 할 가능성마저 제기한다. RAIL이나 크리에이티브ML과 같은 제한적 라이선스 실험이 등장했지만, 그 적용은 아직 선택적이며 법적 구속력은 사실상 없다. 더욱이 유해한 사용의 판단 기준, 적용 범위, 감시 체계는 국제적으로 일관되지 않아 오용을 막기에는 역부족이다.

따라서 AI 모델의 오픈소스화는 기술 공유가 아니라

위험 공유의 구조로 전환되었음을 직시해야 한다. 기술 개방은 공동선을 위한 조건부 행위이지, 무제한적 자유가 아니다. 위험이 실질적으로 존재하고 그 위험을 제거하거나 제한할 수 있는 수단이 부족하다면 기술의 개방은 오히려 무책임한 방기다. 지금 필요한 것은 "누구나 접근할 수 있는 AI"가 아니라, "누구나 책임지는 AI 공개 체계"이며, 위험이 사회 전체로 확산되지 않도록 통제 가능한 공개 기준과 글로벌 수준의 사용 제한 프레임워크가 조속히 마련되어야 한다.

오픈소스 면책조항의 법적 효력

대부분의 오픈소스 소프트웨어와 마찬가지로, AI 오픈소스 모델도 배포 시 면책조항을 포함한다. 대표적인 문구는 "이 소프트웨어는 있는 그대로(as-is) 제공되며, 어떠한 보증도 하지 않습니다"다. 이러한 면책조항은 GPL, MIT, 아파치 등 거의 모든 라이선스에 기본 조건으로 포함되어 있으며, 법적 책임을 최소화하는 수단으로 활용된다.

그러나 AI 모델의 경우 면책조항이 실제 법적 분쟁에서 효력을 갖는지 갖지 않는지는 상황에 따라 다르다. 예컨대 모델을 사용한 결과 허위사실이 유포되어 타인의 명예가 훼손되거나, 이미지 생성 모델로 인격권 침해가 발생한 경우 법원은 단순한 면책조항만으로 책임을 완전히 면제해 주지 않을 수 있다. 특히 사용자 보호, 정보 투명성 등 사회적 가치가 충돌하는 영역에서는 면책조항이 제한적으로 해석될 수 있다.

또한 면책조항의 법적 효력은 국가별로 상이하다. 미국은 계약의 자유 원칙에 따라 면책조항에 관대하지만, 유럽연합은 소비자 보호나 인권 보장 원칙을 우선시해 면책조항을 제한적으로 해석하는 경향이 있다. 우리나라도 민법상 불법행위 책임과 사용자 보호 조항에 따라 명시적 고의 또는 중대한 과실이 있을 경우 면책이 부정될 수 있다. 따라서 글로벌 오픈소스 프로젝트에는 다양한 관할권을 고려한 법률 자문이 필요하다.

한편 법적 책임과는 별개로 윤리적 신뢰 확보 차원에서 책임의 최소화보다 책임의 안내로 접근하는 방식이 권장된다. 예를 들어 "이 모델은 실험적 용도이며, 생성 결과는 사실 검증이 필요합니다", "특정 프롬프트 사용 시 유해 콘텐츠가 생성될 수 있습니다" 등 구체적 경고가 포함될 경우 사용자 주의 의무가 강화되어 향후 법적 분쟁 시 방어 논거가 될 수 있다.

결론적으로 오픈소스의 면책조항은 법적으로 유효한

수단이지만, AI 모델이라는 새로운 기술 환경에서는 그 효력이 제한적일 수 있다. 기술의 위험성과 사회적 파급력을 감안할 때, 오픈소스 배포자는 면책 선언에만 의존하기보다 사용자 보호와 책임 분산을 위한 설계적 장치를 병행해야 할 필요가 있다. 이는 오픈소스의 자유와 신뢰가 공존하기 위한 새로운 규범적 합의의 출발점이다.

08
기업은 왜 오픈소스를 채택하고 버리는가

오픈소스의 생명력은 신뢰에서 나온다. 기여자가 존중받고, 상업화가 공동체를 배제하지 않으며, 기술이 공정하게 배분될 수 있다는 믿음이 생태계를 지탱한다. 법과 정책은 기업의 전략과 커뮤니티의 윤리가 충돌하지 않도록 기여자 권리 보호의 원칙을 분명히 세우고 투명한 상업화 절차를 보장해야 한다.

AI와 인재 채용?

기업의 오픈소스 활용 동기와 전략

오늘날 많은 AI 기업들은 오픈소스를 적극적으로 활용하거나 자신들의 기술을 오픈소스로 공개하고 있다. 일견 이상적 가치나 공동체 기여로 보일 수 있지만, 실제로는 전략적 동기가 그 배경에 자리한다. 대표적 이유는 개발 속도 향상, 인재 유치, 커뮤니티 효과 그리고 생태계 장악이다. 오픈소스는 단순한 기술 공개가 아니라 자원을 외부화해 내부 역량을 확장하는 효율적 수단이다.

구글의 텐서플로, 메타의 라마, 마이크로소프트가 인수한 깃허브 등의 사례는 모두 이러한 전략을 반영한다. 오픈소스로 공개함으로써 수많은 개발자들이 자발적으로 버그를 수정하고 기능을 추가하며, 결과적으로 기업은 품질 좋은 제품을 더 빠르게 확보할 수 있다. 또한 이를 통해 개발자 친화적 이미지와 생태계 리더십을 확보하는 부수 효과도 누릴 수 있다.

그러나 법적 관점에서 보면, 오픈소스의 활용은 반드시 자유와 관용으로만 설명되지는 않는다. 기업은 핵심 알고리즘이나 독점적 데이터셋은 공개하지 않고, 겉으로 오픈소스처럼 보이는 경량화된 버전만을 공개하는 경우가 많다. 이는 일종의 전략적 개방이며, 외견상 자유로운 기술 공유처럼 보이지만 실제로는 경쟁사 접근을 차단하고 시장 우위를 유지하기 위한 수단으로 작동한다.

이와 같은 전략은 오픈소스의 철학과 충돌할 수 있다. 오픈소스는 공동 창작과 지식 공유를 중심에 두는 반면, 기업의 전략은 기술 우위와 수익 극대화를 우선시한다. 이러한 간극은 기술 생태계 내에서 신뢰 문제를 야기하고, 공공적 기술 인프라를 구축하려는 노력을 저해할 수 있다. 특히 대형 기업의 위장된 개방(openwashing)은 오픈소스 커뮤니티의 정체성을 약화하는 원인이 되기도 한다.

따라서 우리는 기업이 오픈소스를 채택하는 이유를 단순히 긍정적으로만 볼 것이 아니라 그 동기와 결과를 비판적으로 분석해야 한다. 법과 정책은 이러한 선택적 개방에 대한 최소한의 투명성과 책임 기준을 요구할 수 있어야 하며, 진정한 오픈소스 생태계를 지키기 위한 규범적 장치가 병행되어야 한다.

위장된 개방과 클로즈드 전환 사례

위장된 개방이란 실제로는 폐쇄적인 시스템임에도 불구하고 오픈소스로 포장해 홍보하는 행태를 말한다. 이는 기업들이 개방이라는 이미지 자산을 확보하면서도 실질적인 기술 공유는 하지 않는 전략적 위장이다. AI 산업에서도 이런 경향은 점점 더 뚜렷해지고 있다. 특히 생성형 AI 모델의 경쟁이 치열해질수록 위장된 개방은 더욱 교묘해지고 정교해진다.

예컨대 일부 기업은 경량화된 버전의 모델만을 오픈소스로 공개한 후, 실제 상용화된 모델은 폐쇄적으로 유지하는 방식을 택한다. 사용자는 오픈소스를 사용하는 것처럼 느끼지만, 실제로는 핵심 기능이나 고성능 모델은 API로만 접근 가능하게 설계되어 있다. 이는 기술적 의존성을 유도하고 생태계에 대한 지배력을 유지하기 위한 전략으로 볼 수 있다.

이러한 행위는 법적으로도 논란의 소지가 있다. 라이선스에 대해서는 위반이 없더라도 사용자의 오해를 유도하거나 개발자 기여를 유도한 뒤 상업적으로 폐쇄하는 경우 기여자의 정당한 기대를 침해할 수 있다. 특히 초기에는 커뮤니티 중심으로 운영하다가 상업화 직전 구조를 전환하는 사례는 도의적 비판을 넘어 법적 분쟁의 씨앗이 될 수도 있다.

대표적으로 오픈AI는 지피티-2까지는 모델을 점진적으로 공개해 오픈소스 개발자 커뮤니티와의 연계를 유지했으나, 지피티-3 이후부터는 API 기반 서비스만 제공하면서 사실상 비공개 전략으로 전환했다. 이러한 결정은 공식적으로는 오남용 위험 및 책임 문제를 이유로 한다고 설명되었지만, 실질적으로는 시장 독점 구조 확보와 수익화 모델 구축을 위한 전략적 선택이었다. 이 전환은 AI의 공공성과 기술 독점 사이의 경계를 다시 묻게 만들었고, 오픈소스 진영 내에서는 기술 민주주의 원칙의 훼손이라는 비판을 불러일으켰다.

위장된 개방을 방지하기 위해서는 오픈소스 모델의 실질적 공개 기준, 라이선스 일관성, 변경 고지 의무 등을 제도적으로 요구할 필요가 있다. 진정한 오픈소스는 코드의 공개만이 아니라 사용 목적, 기여자 권리, 상업화 조건 등에 대한 투명한 약속을 포함해야 한다. 위장된 개방은 단지 기술 문제가 아니라 신뢰의 문제이자 거버넌스의 과제다.

오픈소스를 통한 개발자 리크루팅과 시장 선점

AI 분야에서 우수한 개발자를 확보하는 것은 기술력 못지않게 중요한 전략이다. 많은 기업들은 오픈소스 프로젝트에 참여하거나 자체 개발한 툴·프레임워크·모델을 공개함으로써 개발자 커뮤니티 내에서 기술 브랜드를 형성하려 한다. 이는 단순한 홍보를 넘어 개발자 채용과 생태계 장악을 동시에 달성하려는 고도의 인적 자원 전략이다.

예를 들어 메타가 공개한 파이토치는 단순한 기술 프레임워크를 넘어 AI 분야 인재들이 메타 생태계 안에서 학습하고 성장하게 만드는 리크루팅 플랫폼의 역할을 한다. 자연스럽게 파이토치에 익숙한 인재들이 메타의 연구팀으로 유입되거나, 관련 API · 서비스를 기반으로 한 스타트업들이 메타의 고객으로 편입된다. 이는 기술 공개를 통한 생태계 선점 전략이라 할 수 있다.

법적으로 보면 이러한 전략은 명백한 합법적 마케팅이지만, 기여자 권리나 상업적 재활용 조건이 불명확한 경우 일방적인 생태계 통제라는 비판이 제기될 수 있다. 특히 기업이 오픈소스 커뮤니티를 통해 자발적 기여를 받으면서 이를 상업적으로 독점하거나 기여자에 대한 실질적 보상 없이 활용할 경우 공정성 논란이 발생할 수 있다.

또한 이러한 전략은 산업 내 기술 종속 현상을 유발하기도 한다. 특정 기업의 오픈소스 툴이 시장을 장악하게 되면, 다른 기업이나 연구기관은 해당 툴에 맞춰야 하며 이는 사실상의 표준화와 종속 효과를 가져온다. 이러한 점에서 오픈소스가 기술 민주화의 수단인 동시에 시장

지배의 메커니즘으로 활용될 수 있음을 인식해야 한다.

궁극적으로 기업의 오픈소스 활용 전략은 기술 생태계 내에서의 권력 구조 형성이라는 관점에서도 분석되어야 한다. 자유로운 기여와 참여가 가능한 환경을 유지하면서도 기여자의 권리 보호와 커뮤니티의 자율성이 보장될 수 있도록 법과 제도는 일정한 중재자의 역할을 해야 한다.

사스와 오픈코어 모델의 상업화 전략

AI 기업들이 오픈소스를 활용하면서도 수익을 창출하는 대표적인 방식 중 하나가 사스 모델과 오픈코어(OpenCore) 전략이다. 이 전략은 핵심 소프트웨어의 일부를 오픈소스로 공개한 뒤, 부가 기능이나 고급 성능은 유료 구독 방식으로 제공하는 구조다. 깃랩(GitLab), 일래스틱(Elastic), 레디스(Redis), 허깅페이스(Hugging Face) 등 많은 기업이 이 방식을 통해 시장을 개척하고 있다.

오픈코어 모델은 기본적인 기능은 자유롭게 제공하되, 기업 고객이 필요로 하는 고급 기능, 보안, 기술 지원 등을 유료화함으로써 수익과 오픈소스를 동시에 확보한다. 이는 개발자 커뮤니티와의 신뢰를 유지하면서도 기업 수익 모델을 구축할 수 있는 절충점으로 작용한다. 특히 AI 모델에서는 베이스모델은 오픈하고, 파인튜닝 모델이나 상업용 API는 유료화하는 전략이 널리 쓰인다.

문제는 이러한 방식이 오픈소스의 본래 취지를 훼손할 수 있다는 점이다. 사용자 입장에서는 오픈소스라고 알고 접근했지만, 실질적으로는 핵심 기능이 폐쇄되어 있거나 의존성 탓에 특정 기업에 종속되는 상황이 발생할 수 있다. 이는 위장된 개방의 일환이 될 수 있으며, 기술적 투명성의 후퇴를 의미한다.

오픈코어 모델이 법적으로는 오픈소스 라이선스를 위반하지 않더라도, 이용자 보호와 거래의 공정성 측면에서 문제를 제기할 수 있다. 특히 GPL 라이선스는 파생저작물에도 동일한 조건을 부여해야 하므로, 오픈코어가 해당 조건을 우회하는 방식으로 사용된다면 법적 분쟁의 소지가 생길 수 있다. 이에 따라 일부 기업은 라이선스를 변경하거나 자체 라이선스를 도입해 논란을 피하고 있다.

결론적으로 사스 및 오픈코어 전략은 오픈소스를 활용한 현실적 상업화 모델이지만, 그 한계와 사회적 책임을 함께 고려해야 한다. 특히 오픈소스를 통해 구축된 신뢰를 기반으로 하는 기업일수록 기술의 접근성과 사용자 권리, 라이선스의 명확성 등을 철저히 관리하는 것이 장기적 생존 전략이 될 것이다.

이처럼 오픈코어 전략은 오픈소스 생태계의 상업화에서 가장 널리 쓰이는 방식으로, AI 기업의 지속 가능성과 수익화 전략의 핵심이다. 그러나 이는 동시에 오픈소스 철학과 기술 공공성의 균열을 초래할 수 있으며, 라이선스 설계, 기여자 권리 보호, 공정한 접근 조건에 대한 규범적 논의가 필요하다.

커뮤니티 반발과 기여자 권리 보호 문제

오픈소스는 코드 공유의 방식일 뿐 아니라 자발적 기여와 공동 창작 문화에 기반한다. 그러나 기업들이 오픈소스를 전략적으로 활용하면서, 그에 기여한 개발자나 공동체와 갈등을 빚는 사례가 늘고 있다. 이는 주로 라이선스 변경, 상업화, 기여자의 공로 누락 등에서 비롯되며, 오픈소스 생태계의 신뢰를 위협하는 구조적 문제로 연결된다.

대표적인 사례는 일래스틱과 아마존 간의 분쟁이다. 아마존이 일래스틱의 오픈소스 코드를 이용해 자체 서비스를 제공하자, 일래스틱은 라이선스를 변경해 사용을 제한했다. 이 과정에서 커뮤니티는 기여자의 의사를 무시한 상업화와 기업 중심의 라이선스 회피를 둘러싸고 분열되었다. 이는 오픈소스가 특정 기업의 자산인지, 커뮤니티의 공유물인지에 대한 본질적 질문을 낳았다.

법적 측면에서는 기여자의 권리가 명확히 규정되지 않는 경우가 많다. 대부분의 오픈소스 프로젝트는 기여자와 명시적 계약을 체결하지 않으며, 저작권 귀속이나 상업적 활용 조건이 불분명한 상태에서 운영된다. 이러한 구조는 상업화 이후 기여자의 권리 주장을 어렵게 만들며, 기여자의 노동이 정당한 보상 없이 활용되는 문제로 이어진다.

이를 방지하기 위해 일부 프로젝트는 기여계약서를 통해 기여 범위와 권리 귀속을 명확히 하고 있으며, 크리에이티브 코먼스의 CC0(퍼블릭 도메인)처럼 권리 포기 형태의 기여도 존재한다. 그러나 이마저 법률적 구속력은 국가마다 다르고, 상업화 이후 공동체의 불만을 해결하기에는 부족한 경우가 많다. 법제도는 기여자의 권리를 보호하고, 상업화된 프로젝트에 대해 일정한 수익 분배 또는 공로 인정을 요구할 수 있어야 한다.

궁극적으로 오픈소스의 생명력은 신뢰에서 나온다. 기여자가 존중받고, 상업화가 공동체를 배제하지 않으며, 기술이 공정하게 배분될 수 있다는 믿음이 생태계를 지탱한다. 법과 정책은 기업의 전략과 커뮤니티의 윤리가 충돌하지 않도록 기여자 권리 보호의 원칙을 분명히 세우고 투명한 상업화 절차를 보장해야 한다.

09
AI 오픈소스 생태계의 지속 가능성

오픈소스는 단순한 코드가 아니라 사회적 계약이자 기술 민주주의의 기반이다. AI 시대의 기술 주권과 공정한 디지털 전환을 위해 오픈소스를 제도화하고 공공화하는 작업은 더 이상 선택이 아니라 필수다.

AI와 기자?

생태계 유지의 핵심 조건: 재정, 기여, 거버넌스

AI 오픈소스 생태계가 지속되려면 코드의 개방만으로는 충분하지 않다. 실질적 유지 조건은 크게 세 가지로 요약된다. 재정 안정성, 지속적 기여자 참여 그리고 공동체 거버넌스 구조가 그것이다. 이들 조건은 서로 얽혀 있으며, 어느 하나라도 무너지면 프로젝트는 쉽게 중단되거나 소수에 의해 독점된다.

재정 안정성 문제는 특히 심각하다. 많은 오픈소스 프로젝트는 자원봉사와 무급 노동에 의존하고 있으며, 기업의 후원 없이 독립적으로 유지되기 어렵다. 유지보수와 보안 업데이트, 문서화 작업은 시간이 많이 들지만 수익은 거의 없다. 따라서 펀딩 모델의 다각화가 필요하다. 유럽연합 및 일부 정부는 오픈소스를 공공재 성격을 가진 디지털 인프라로 인식하고, 전략 문서 · 시범 사업 차원에서 예산 지원을 검토하거나 이미 일부 프로젝트에 투자하고 있다. 그러나 아직은 지원이 선택적이며, 법적 구속력 있는 제도화가 이루어진 상태는 아니다.

그다음은 기여자 유지 문제다. 오픈소스 프로젝트는 초기에 기여자들이 열정과 신념으로 시작했다가 장기간 지속되면 번아웃이나 생계 문제로 이탈하는 경우가 많다. 이에 따라 보상 있는 오픈소스 소프트웨어(Rewarded

OSS) 모델 혹은 버그 바운티(bug bounty)와 같은 기여 인센티브 제도가 중요해진다. 또한 다양한 국적과 배경을 가진 참여자들이 차별 없이 참여할 수 있는 환경도 필수적이다.

마지막은 거버넌스 체계다. 특정 개인이나 기업이 권력을 독점하면 오픈소스의 투명성과 민주성이 무너진다. 이에 따라 프로젝트 헌장, 운영위원회 구성, 투표제 도입 등의 제도적 장치가 필요하며, 이는 기업 자회사 모델보다는 재단 또는 커뮤니티 주도의 구조에서 더 잘 작동한다. 리눅스재단(Linux Foundation), 아파치소프트웨어재단(Apache Software Foundation)이 모범적인 사례로 꼽힌다.

오픈소스 생태계는 공공적 기술 기반을 만들기 위한 집합적 노력의 결실이다. 그러나 이 생태계가 지속 가능하려면 사회적 책임, 공정한 구조, 법적 지원이 필요하다. 오픈소스를 기술 공공재로 인정하고 그 유지 조건을 제도화하는 것이 미래 기술 주권의 초석이 될 것이다.

자발성에 의존한 개발 문화의 한계

오픈소스는 원래 자발성과 협력에 기반한 문화다. 개발자들은 자신의 기술적 관심, 커리어 개발, 철학적 신념

등을 동기로 참여해 왔다. 그러나 AI 기술의 복잡성이 높아지고 상업적 이해관계가 첨예해지면서 자발성에 의존한 문화는 점차 한계에 직면하고 있다. 이는 프로젝트 지속성과 품질 문제, 기여자 편중 현상 등으로 나타난다.

특히 규모가 큰 AI 프로젝트는 수백만 줄 이상의 코드와 수많은 모듈, 모델 버전 등을 포함한다. 이들을 유지하고 관리하기 위해서는 기업 수준의 인력과 예산이 필요하지만, 대부분의 오픈소스 프로젝트는 인력도 예산도 턱없이 부족한 상태다. 따라서 몇몇 핵심 기여자에게 과도한 책임이 집중되거나, 프로젝트가 중단되는 사례가 빈번하게 나타난다.

기여의 편중성도 문제다. 전 세계 수십만 명의 사용자들이 특정 프로젝트를 사용하지만, 실제 기여자는 소수에 불과하다. 이는 커뮤니티 기반 생태계의 무임승차(free riding) 문제를 낳으며, 기여자들의 피로도를 높이고 프로젝트 지속 가능성을 저해한다. 기여자 보호와 인센티브 제공이 제도적으로 뒷받침되어야 하는 이유다.

법적으로 보면, 자발적 기여의 한계는 특히 저작권 귀속과 책임 소재에서 문제가 된다. 명확한 계약 없이 진행된 기여는 라이선스 충돌, 상업적 활용 시 분쟁, 오남용 시 책임 소재 불명 등의 문제로 연결된다. 따라서 기여계약서의 도입은 단순한 행정 절차를 넘어 법적 기반을 마련하는 핵심 장치다. 기여계약서는 오픈소스 프로젝트에 기여하는 개인이나 조직이 자신의 기여물인 코드, 문서 등에 대해 프로젝트 운영자에게 부여하는 라이선스와 권리관계를 명확히 하기 위한 계약서다. 이에 대해서는 소프트웨어 진흥법이나 AI 기본법에 법적 근거를 마련할 수 있을 것이다.

궁극적으로 AI 오픈소스의 지속 가능성을 확보하려면 자발성을 넘어선 구조적 지원이 필요하다. 이는 재정과 제도, 책임과 보상, 신뢰와 공동체의 문제며, 사회 전체가 기술을 함께 유지하는 공공의 과제로 인식해야 가능한 일이다.

재단과 중립기구의 역할

AI 오픈소스 프로젝트의 생명력은 기술이 아니라 그것을 관리하고 조율하는 조직 구조에 달려 있다. 이에 따라 많은 주요 프로젝트는 기업의 자회사 형태가 아니라 재단이나 중립기구를 통해 운영된다. 대표적 사례로는 리눅스재단, 아파치소프트웨어재단, 허깅페이스 등이 있다. 이들은 코드 유지관리와 기여자 보호, 라이선스 관리, 기금 조달 등을 담당하며 생태계의 안정성과 중립성을 보장한다.

재단 모델의 핵심은 특정 기업이 아니라 다수 이해관계자의 합의 구조를 전제한다는 점이다. 다양한 기업과 학계, 개인 개발자들이 운영위원회에 참여하고 의사결정을 민주적으로 수행한다. 이는 기술 독점 방지와 기여자들의 신뢰 확보에 중요하다. 예를 들어 아파치는 모든 프로젝트에 프로젝트 관리 위원회(Project Management Committee, PMC)를 두고 커뮤니티 중심 거버넌스를 강조한다. PMC는 오픈소스 프로젝트, 특히 아파치소프트웨어재단 등에서 핵심 역할을 수행하는 운영 · 의사결정 조직이다. PMC는 오픈소스 생태계에서 탈중앙적이지만 구조화된 거버넌스 모델의 대표적인 예로, AI 오픈소스 프로젝트에서도 점점 중요성이 커지고 있다.

법적 측면에서도 재단은 프로젝트의 저작권을 수탁하거나 라이선스를 일괄적으로 관리할 수 있어 법적 충돌과 분쟁을 방지하는 데 유리하다. 특히 AI 분야에서는 다양한 국가의 기여자, 협력 기관, 산업 파트너가 얽히기 때문에 저작권과 책임의 귀속을 명확히 하기 위한 단일 법적 주체의 존재가 중요하다. 재단은 이러한 기능을 안정적으로 수행할 수 있다.

재단의 역할도 투명성과 대표성 없이는 비판받을 수

있다. 특정 기업이 자금을 통해 간접적 통제를 하거나 재단이 비민주적으로 운영될 경우 본래 취지와 멀어질 수 있다. 따라서 재단 내부의 운영 규칙, 감사 시스템, 공정한 의사결정 절차를 법제화하거나 공개적으로 감시할 수 있는 구조가 필요하다.

결론적으로 오픈소스 재단은 기술만큼이나 중요한 사회적 인프라다. 이 재단은 기술 관리 주체를 넘어 AI 기술을 공공성의 틀 속에서 안전하고 투명하게 배포할 수 있는 사회적 신뢰 인프라가 될 수 있다. AI 기술이 점점 공공적 성격을 띠고 있는 만큼, 재단의 법적 지위와 책임 구조에 대한 제도적 검토가 필요하다. 이는 단순한 조직 형태의 선택이 아니라 기술 거버넌스의 핵심 설계라고 할 수 있다.

상업화와 지속 가능성의 균형

상업화는 AI 오픈소스 프로젝트가 지속 가능성을 확보하려 할 때 피할 수 없는 전략이다. 그러나 상업화는 언제나 커뮤니티의 자율성과 공유 정신을 위협할 수 있는 잠재적 리스크를 동반한다. 균형을 어떻게 잡을지는 비즈니스 전략의 문제일 뿐 아니라 법적 · 윤리적 문제이기도 하다.

일부 기업은 오픈소스를 일정 기간 공개한 후 핵심 기능을 폐쇄하거나 API 기반 유료화 모델로 전환한다. 이는 수익 창출을 위한 자연스러운 단계처럼 보이지만, 커뮤니티는 이를 배신으로 인식할 수 있다. 이는 프로젝트의 신뢰를 무너뜨리고 이후 기여자 유입을 방해할 수 있다. 오픈소스는 기본적으로 공약에 기반한 문화이기 때문이다.

법적 측면에서는 상업화 전략이 오픈소스 라이선스를 위반하지 않더라도 공정거래법, 저작권법 등과 충돌할 여지가 있다. 예컨대 원래 GPL 기반으로 제공되던 프로젝트를 폐쇄하고 기여자 동의 없이 상업화할 경우, 파생 저작물 문제로 이어질 수 있다. 따라서 상업화 전략은 법적 투명성과 커뮤니티 소통을 전제해야 한다.

최근 등장한 공정 오픈소스 소프트웨어 라이선스(Fair OSS License)는 이런 문제에 대한 대응책이다. 이는 오픈소스의 자유 · 개방 원칙과 기여자 보상 · 기업 책임이라는 두 가치 사이의 균형을 지향하는 새로운 라이선스 개념이다. 기존 오픈소스 라이선스가 사용자 자유와 기술 공유에 초점을 맞췄다면, 공정 오픈소스 소프트웨어 라이선스는 공정성을 중심 가치로 전면에 내세운다는 점에서 철학적 · 법적 전환점을 제시한다. 이는 일정 규모 이상의 상업적 사용자에게는 요금을 부과하고, 개인과 비영리 단체에게는 무료로 개방하는 방식이다. 이는 상업성과 공유성을 절충한 방식으로 평가되며, AI 분야에서도 유력한 모델로 검토되고 있다. 공정 오픈소스 소프트웨어 라이선스(Fair OSS License)는 소프트웨어 사용에 인권 · 윤리 · 공정성 원칙을 부과하려는 새로운 시도로, RAIL 등이 여기에 속한다. 하지만 아직 오픈소스 이니셔티브(Open Source Initiative, OSI)의 공식 오픈소스로는 인정받지 못하고 있다.

궁극적으로 상업화와 지속 가능성은 대립하는 개념이 아니며, 설계 방식과 관련된다. 커뮤니티 신뢰를 해치지 않으면서도 프로젝트의 생존을 보장할 수 있는 법적 · 제도적 균형이 필요하다. AI 같은 고비용 · 고위험 기술일수록 이 균형은 더욱 정교하게 설계되어야 한다.

미래를 위한 제도적 설계

AI 오픈소스 생태계가 기술 커뮤니티의 자발성에만 기대지 않게 하려면 제도적 기반의 설계가 필요하다. 이는 사회적 인프라로서 오픈소스를 전제로 한 국가 정책과 법제도 정비를 의미한다. 특히 AI와 같은 고위험 기술은 공공성과 안전성을 동시에 고려해야 한다.

먼저 오픈소스를 공공기술 인프라로 인정하는 법적 근거가 필요하다. 유럽연합은 2021년 공공부문 오픈소스 전략을 통해 오픈소스를 전략 자산으로 규정했고, 독일 · 프랑스 등은 행정 시스템의 오픈소스 전환을 의무화하고 있다. 우리나라도 유럽연합처럼 오픈소스를 비용 절감 수단으로만 보는 대신 공공성과 기술 주권의 전략 자산으로 간주해야 한다. 교육, 보건, 복지 등 국민 기본권과 직결되는 분야의 AI 시스템에는 오픈소스 우선 원칙을 법제화하고, 공공기관의 디지털 전환 가이드라인에 이를 명시할 필요가 있다. 이로써 특정 기업의 기술 독점 우려를 줄이고 시민이 접근할 수 있는 투명하고 개방된 AI 생태계를 조성할 수 있다.

또한 기여자 보호와 보상 제도가 필요하다. 이는 도덕적 차원의 문제일 뿐 아니라 노동의 가치와 지식재산권의 균형이라는 법적 문제다. 특히 상업화 이후 일정 수익이 발생하면 기여자에게 일정 보상이 돌아가도록 설계하는 지분형 오픈소스 또는 공적 펀드 기반의 성과 연계 배분 제도 등이 검토될 수 있다.

아울러 오픈소스 라이선스에 대한 법적 해석의 통일성과 명확성이 중요하다. 현재 대부분의 해석은 민간 합의에 기반하며, 법원의 판례가 부족하다. 특히 AI 모델과 같이 복잡한 응용기술에서는 2차적 저작물, 서비스 이용, API 연동에 대한 기준이 모호하다. 이에 대해 가이드라인과 법적 해석을 제공하는 공공기관 또는 AI 법제 연구센터가 필요하다.

마지막으로 오픈소스 거버넌스를 공공-민간 협치 모델로 제도화할 필요가 있다. 이는 기술 독점에 대한 사회적 견제와 공정 경쟁 구조를 위한 정책 수단이기도 하다. 오픈소스 기술의 심의 · 감독기구, 윤리적 기준을 논의하는 시민 참여 플랫폼, 기술의 공공성 평가 제도 등이 제안될 수 있다.

오픈소스는 단순한 코드가 아니라 사회적 계약이자 기술 민주주의의 기반이다. AI 시대의 기술 주권과 공정한 디지털 전환을 위해 오픈소스를 제도화하고 공공화하는 작업은 더 이상 선택이 아니라 필수다.

10
오픈소스 AI의 글로벌 거버넌스와 국제 규범

AI 오픈소스의 발전을 촉진하면서도 국제적 책임성과 공익성을 확보하려면 단일 국가의 통제를 넘어서는 글로벌 거버넌스 모델이 필요하다. 이 모델은 기술 개발자, 정부, 기업, 시민사회가 모두 참여하는 다중 이해관계자 기반 구조를 전제해야 하며, 이때 기존 인터넷 거버넌스 체계에서 교훈을 얻을 수 있다.

AI와 미래 의사?

국가를 넘어서는 기술 통제의 한계

AI 기술은 국경을 초월해 개발되고 사용되며, 특히 오픈소스 기반 AI는 단일 국가 내 규제로는 통제하기 어렵다. 예컨대 깃허브에 올라온 오픈소스 모델이 우리나라에서 규제 대상이라 하더라도, 다른 나라의 개발자는 그대로 이용할 수 있다. 이는 AI 거버넌스가 전통적인 영토 주권 개념을 넘어서야 함을 의미한다.

이러한 비국가적 구조는 법률적 회피 경로를 제공하기도 한다. 오픈소스 프로젝트가 규제 회피 목적으로 법률이 느슨한 국가에 서버를 두거나, 익명 커뮤니티에서 개발되는 사례도 많다. 그 결과 규제를 강화할수록 오히려 프로젝트가 지하화되고 투명성이 감소하는 역설이 발생하기도 한다.

그렇다고 각국의 규제를 일원화하기는 현실적으로 어렵다. 문화, 산업 구조, 정치 체계가 다른 상황에서 일률적인 기술 규범은 비현실적이거나 지배적인 기술국 중심의 국제 질서만 강화할 수 있다. 특히 미국·유럽연합과 달리 개발도상국은 기술 주권 확보보다 기술 접근 자체가 우선 과제가 된다.

이에 따라 다국적 협약보다는 국가 간 상호 신뢰 기반의 규범 정렬이 현실적 대안으로 제시된다. 국가들은 자국의 법제도를 국제 원칙에 맞추되, 국내 AI 생태계의 상황에 맞게 유연하게 해석·운영할 수 있는 구조를 갖추어야 한다. 이를 위해 다양한 이해관계자 간 협의체와 국제적 대화 채널이 필요하다.

기술 통제의 글로벌화는 새로운 법적 사고를 요구한다. 규제의 실효성, 민주적 정당성, 기술 혁신 보호라는 세 가지 가치가 충돌하는 지점에서 오픈소스 AI는 시험대에 오르고 있다. 이에 대한 해답은 일방적 지배가 아니라 다층적·분산적 거버넌스 설계에서 찾아야 한다.

유럽연합 인공지능법과 오픈소스 규정의 국제적 해석

유럽연합 인공지능법은 세계 최초의 포괄적 AI 규제법으로, 오픈소스 AI의 책임 범위를 둘러싼 국제적 논쟁을 촉발했다. 초기 초안에서는 오픈소스 프로젝트도 상업적 활용 가능성이 있으면 일반 제공자와 동일한 의무를 지도록 규정했으나, 개발자들의 반발로 최종안에서는 비상업적·비영리적 목적의 오픈소스에 한해 일부 의무를 면제하도록 조정되었다.

이 조항은 해석의 여지를 남긴다. 무엇이 상업적 목적인가? 예컨대 비영리 프로젝트가 나중에 기업에 의해 사용된다면? 기여자는 순수하게 참여했지만 결과물이 수익을 낸다면? 이런 복잡한 상황에서 일률적 기준이 아니라 프로젝트의 구조, 책임 주체, 라이선스 조건 등을 종합적으로 평가하는 방식이 요구된다.

유럽연합 인공지능법은 또 하나의 쟁점을 던진다. 바로 고위험 AI 기술에 대한 특별 규제다. 얼굴 인식, 생체정보 분석 등 민감한 기술을 포함한 경우 오픈소스라고 하더라도 기술적 문서화, 품질 관리, 테스트에 대한 책임을 지게 된다. 이는 개발자와 유지관리자 모두에게 상당한 부담이며, 일부는 이를 이유로 코드 공개를 기피하는 현상도 발생하고 있다.

국제적으로 인공지능법의 영향은 유럽연합 역외 개발자에게까지 미친다. 유럽 사용자에게 배포되거나, 그 데이터를 다룰 경우 유럽연합의 법이 적용될 수 있기 때문이다. 이른바 역외 적용 조항이 글로벌 오픈소스 커뮤니티에 부담을 줄 수 있다는 점은, 미국 · 일본 · 우리나라 등도 주목하고 있는 지점이다.

따라서 인공지능법은 오픈소스 규제를 촉발한 첫 계기이자 향후 글로벌 규범 정립의 기준이 될 수 있다. 그러나 그 해석과 적용에 대해서는 기술 현실과 공동체 문화, 공익과 책임 간의 균형을 치밀하게 고려하는 다층적 접근이 필요하다.

기술 패권과 오픈소스의 정치경제학

오픈소스는 기술 민주주의의 상징처럼 보이지만, 실제로는 글로벌 기술 패권 구조의 일부이기도 하다. AI 주요 프레임워크와 핵심 모델은 미국의 대형 기술기업(메타, 구글, 오픈AI 등)이 주도하고 있으며, 그들 대부분이 전략적으로 오픈소스화해 글로벌 영향력을 넓혀 왔다.

예를 들어 메타의 라마 모델은 상업용 사용은 금지하되 연구 목적으로는 오픈소스로 제공되었다. 이는 통제력은 유지하면서도 시장에 영향을 미칠 수 있는 이중 전략이다. 오픈소스를 통해 생태계를 주도하면서도 핵심 권한은 해당 기업이 보유하는 구조는 일종의 소프트 패권 행위로 볼 수 있다.

기술 주권을 지향하는 국가들에게는 이러한 조건부 오픈소스 모델이 전략적 위협이 될 수 있다. 자국의 인공지능 산업이 외국 기업의 생태계에 종속되거나 핵심 기술에 대한 접근이 제한될 경우 경제뿐 아니라 안보와 법적 자율성도 위협받는다.

이에 따라 일부 국가는 독자적 오픈소스 기반 AI 생태계 구축을 전략적으로 추진하고 있다. 중국은 원중-지피티(Wenzhong-GPT)나 챗GLM(ChatGLM) 같은 자체 개발 모델을 통해 기술 자립을 모색하는 동시에 오픈소스 모델도 정부 검열 및 등록제로 통제하고 있다. 반면 프랑스와 독일은 유럽연합 차원의 기술 주권 확보를 목표로 프랑스 미스트랄 AI, 독일 알레프 알파(Aleph Alpha) 등 민관 협력 체계를 중심으로 오픈소스 모델을 개발하고 있으며, 이를 위한 공공 인프라와 라이선스 정책도 병행하고 있다. 이러한 움직임 속에서 국가 단위의 기술 거버넌스, 법제 기반 마련, 국제 협력 전략 수립은 AI 오픈소스 생태계의 지속 가능성을 좌우하는 핵심 과제로 부상하고 있다.

결국 오픈소스는 자유로운 기술 공유의 수단이면서 동시에 국제 권력 관계의 도구일 수 있다. 이 이중성을 인식하고, 기술의 정치경제학을 고려하는 법과 정책 전략을 수립해야 할 시점이다.

국제 표준과 라이선스의 상호 충돌

오픈소스 AI가 국제적으로 활용되려면 기술적 상호운용성과 법적 호환성이 보장되어야 한다. 이를 위해 각국 정부, 국제기구, 민간 컨소시엄은 AI 모델의 품질, 윤리 기준, 데이터 사용 규칙 등을 포함한 다양한 국제 표준을 수립하고 있다. 그러나 이러한 표준과 오픈소스 라이선스의 조화는 아직 완전히 정립되지 않았다.

예컨대 국제표준화기구(International Organization for Standardization, ISO)나 전기전자공학자협회(Institute of Electrical and Electronics Engineers, IEEE) 등에서 제정하는 AI 신뢰성 표준은 소스코드의 문서화, 설명 가능성, 테스트 책임 등을 요구한다. 이는 오픈소스 프로젝트의 자발성 및 익명성을 저해할 수 있다. 또한 표준이 특정 산업 환경이나 선진국 중심으로 설정될 경우, 개발도상국 기반의 오픈소스 프로젝트는 기준을 충족하지 못해 배제될 우려가 있다.

법적으로도 충돌 가능성이 존재한다. 예를 들어 일부 오픈소스 라이선스는 소스의 자유로운 공유와 개작을 전제하지만, AI 모델에서 위험성 완화 조치를 위한 기술적 제한이 요구될 경우 이러한 자유가 제약될 수 있다. 특히 특정 표준을 따르기 위해 필수 코드를 폐쇄하거나 수정할 경우 라이선스 위반 논란이 발생할 수 있다.

또한 다양한 라이선스 간의 상호호환성 문제도 있다. 아파치 2.0, MIT, GPL, 크리에이티브 코먼스 등 다양한 조건의 라이선스들이 혼합될 때, 어떤 표준을 기준으로 삼아야 하는지, 어떤 권리와 의무가 충돌하는지는 명확하지 않다. AI 모델은 코드뿐 아니라 데이터셋, 파라미터, API 문서 등 다층적 저작물로 구성되어 있어 더욱 복잡하다.

이러한 충돌을 해결하려면 기술 표준과 법적 라이선스 간의 중재적 가이드라인이 필요하다. 국제기구나 AI 법제 전문기관이 중심이 되어, AI 오픈소스 프로젝트가 국제 기준을 따르면서도 라이선스 조건을 준수할 수 있도록 세부 해석 기준과 모범 사례를 제공해야 할 것이다.

글로벌 연합을 위한 거버넌스 설계

AI 오픈소스의 발전을 촉진하면서도 국제적 책임성과 공익성을 확보하려면 단일 국가의 통제를 넘어서는 글로벌 거버넌스 모델이 필요하다. 이 모델은 기술 개발자, 정부, 기업, 시민사회가 모두 참여하는 다중 이해관계자 기반 구조를 전제해야 하며, 이때 기존 인터넷 거버넌스 체계에서 교훈을 얻을 수 있다.

가장 중요한 원칙은 다층적이고 분산된 통제 구조다. 이는 특정 국가나 기업이 전체 거버넌스를 장악하지 못하도록 하고, 각 지역 · 문화 · 기술 배경을 고려한 지역별 권한과 자율성을 보장하는 방식이다. 이를 통해 기술 규범의 다양성과 보편성이 균형을 이룰 수 있다.

현실적인 글로벌 AI 거버넌스를 구축하려면 오픈소스 모델을 중심으로 한 국제 협력 메커니즘 설계가 필요하다. 예컨대 글로벌 오픈소스 AI 위원회는 다자간 협의체로서 오픈소스 모델의 위험 평가, 기술 표준, 이용 윤리 등을 논의할 수 있으며, AI 라이선스 해석 센터는 국제적으로 분쟁이 발생할 경우 기술적 해석과 법적 판단을 결합한 전문 조정기구로 기능할 수 있다. 또한 오픈소스 신뢰 인증제를 통해 AI 모델의 안전성, 공정성, 설명 가능성에 대한 공적 검증 시스템을 마련함으로써 자율 규제와 공적 통제 간의 균형을 이룰 수 있다.

이와 같은 체계는 UN, WTO, OECD 등 기존 국제기구와의 연계를 통해 제도적 정합성과 실행력을 확보할 수 있으며, AI 시대의 오픈소스 생태계를 더욱 신뢰 가능하고 지속 가능한 구조로 정착시키는 데 핵심이 될 것이다.

또한 이러한 글로벌 거버넌스는 투명성과 포용성을 핵심으로 삼아야 한다. AI 기술이 전 세계 시민에게 영향을 미치는 만큼, 사용자와 기여자 모두가 의사결정 구조에 접근할 수 있어야 하며 기술이 공공선을 해치지 않도록 지속적인 감시와 평가가 병행되어야 한다. 이른바 기술의 민주적 통제가 제도 설계의 중심이어야 한다.

마지막으로 이 거버넌스 구조는 단지 규제를 위한 장

치가 아니라 기술 협력과 공동 번영을 위한 인프라로 기능해야 한다. AI 시대의 오픈소스는 단순한 코드 공유를 넘어 미래 사회의 기술 권력을 어떻게 분산하고 공정하게 나눌 것인지 묻는다. 글로벌 거버넌스는 그에 대한 사회적 해답이 되어야 한다.

김윤명

디지털정책연구소(DPI) 소장이다. 남도의 니르바나, 땅끝 해남에서 태어났다. 광주 인성고등학교와 전남대학교 문헌정보학과를 졸업하고 경희대학교에서 지식재산법을 전공해 박사학위를 받았다. 현재 세종사이버대학교에서 정보보호학을 공부하고 있다. 네이버에서 정책수석을, 소프트웨어정책연구소(SPRi)에서 소프트웨어와 인공지능 법제 연구를, 국회에서 보좌관을 맡아 입법과 정책을 다루었다. 이재명 경기도지사 캠프와 인수위인 새로운경기위원회 그리고 이재명 대통령후보(20대, 21대) 캠프에서 활동했다. 대통령소속 국가지식재산위원회 AI-IP 특위에서 AI 시대에 변화하는 지식재산의 지형을 함께 그렸다. 경희대학교 법무대학원에서 '인공지능법'을, 전남대학교 데이터사이언스대학원 '데이터사이언스 법과 윤리'를 강의하며 다음 세대를 준비하고 있다. 《블랙박스를 열기 위한 인공지능법》은 교육부 우수학술도서로, 《게임법》, 《게임서비스와 법》, 《인터넷서비스와 저작권법》은 문화체육관광부 세종도서(우수학술도서)로 선정되었다. 시를 짓고 사진을 찍는다. 두 아이의 강하중학교에서 발간한 시집 《나에겐 비도 맛있다》에 몇 편의 시를 담았다. 아내와 아이들 그리고 시고르자브종 리카와 밴, 동네 골목, 바람과 하늘, 꽃과 나무 등 세상의 모든 숨결이 렌즈에 깃든다. 사람들의 짠하고도 아심찬한 풍경을 기록한다. 시집을 내고 사진 갤러리를 여는 것이 꿈이기도 하다. 집안에 '도서관N'을 세웠다. 정사서 1급 자격증을 가지고 있지만 도서관장은 아내다. 'N'은 네이버와 한게임의 합병법인 NHN(Next Human Network)에서 따온 'Next'를 의미한다. "도서관엔(N) 뭐가 있을까? 도서관엔(N) 길이 있지! 도서관 다음엔(N) 뭘 만들지?" 이런 장난스런 물음 속에 세상을 향한 다음 걸음을 품는다. 언젠가 모두를 위한 더 큰 도서관N을 짓겠다는 꿈을 품고 있다. AI를 비롯한 디지털 법제와 정책을 연구하기 위해 양평에 '디지털정책연구소'를 세웠다. 인연은 digitallaw@naver.com을 통해 이어질 수 있다.